U0925415

省域青年政策的生成与发展

——基于广东省实践的研究

文 嘉 / 著

GENERATION AND DEVELOPMENT OF YOUTH POLICY AT THE PROVINCIAL LEVEL

—— A Study Based on the Practice of Guangdong Province

社会科学文献出版社
SOCIAL SCIENCES ACADEMIC PRESS (CHINA)

目录 CONTENTS

绪　论

2017年，中共中央、国务院印发了《中长期青年发展规划（2016—2025年）》（以下简称国家《规划》），这是新中国成立以来的第一个青年发展规划。它是在党中央书记处的指导下，由共青团中央牵头，35家中央部门和单位参与，历时近两年完成的。中长期青年发展规划将长期以来散见于各党政部门的青年政策在国家层面上予以集中，将原本逻辑不甚清晰的各项青年政策总结提炼为涵盖青年思想道德、青年教育、青年健康、青年婚恋、青年就业创业、青年文化、青年社会融入与社会参与、维护青少年合法权益、预防青少年违法犯罪、青年社会保障10个发展领域44条措施的政策体系，并从对国家发展和青年发展具有支撑作用的角度出发，提出了10个重点项目。①

中长期青年发展规划的政策文本和执行要求规定，县级以上党委和政府要建立青年工作联席会议机制，负责推动本规划在本地区的落实，协调解决规划落实中的问题，县级以上团委具体承担协调、督促职责。这是我国首次纵向建立了完善的、成建制的青年议事协调机构。在各地对议事协调机构进行清理的、简政放权的宏观环境下，实现青年工作联席会议机制的全覆盖，凸显了执政党在理念上对青年工作的高度重视、

① 《新闻办就〈中长期青年发展规划（2016—2025年）〉举行发布会》，中华人民共和国中央人民政府，http：//www.gov.cn/xinwen/2017-05/17/content_5194648.htm#1，最后访问日期：2017年5月17日。

在顶层设计上对青年工作突破创新的魄力。

与国家层面的青年政策的宏观性和战略性相比，省一级是青年政策承上启下的关键层级。一方面，省级是国家级政策在地情相似、发展情况相近的地域内的第一次创新与传导，对国家政策的理念延续具有承上的重要意义；另一方面，省级是青年政策对地市级乃至县级进行传导的“中继站”。由于具有较强的政策研究能力和推动能力，省级是实现从宏观到中观构建与完善青年政策的关键一步，为市、县两级团委协调青年政策的实施奠定了坚实的基础。

广东青年工作是全国青年工作的重要参考。广东作为全国经济第一大省，在经济社会发展程度上处于前列，而青年发展工作出现问题的时间，在一定程度上也会早于全国其他地区，所以在广东探索开展青年工作，通常为全国青年工作的开展起着探路试水的功能。在地理位置上，广东毗邻港澳地区，是中国内地对外开放的南大门，是多种思潮对青年产生影响的“交汇场”。目前，在全国青年工作中普遍开展志愿服务和青少年事务社会工作，都是从彼时青年工作发展相对成熟的港澳地区传到广东，再由广东向国内其他地区进行经验输送的。

改革开放40多年来，特别是党的十八大以来，广东青年发展事业获得了长足进步，主要表现为：青年基本政治立场坚定，精神风貌积极向上，拥护中国共产党的领导，坚定中国特色社会主义的道路自信；基本生活条件不断改善，体质健康水平显著提高；教育水平稳步提升，教育环境不断优化，义务教育发展基本均衡，2019年高中阶段毛入学率达96.88%，高等教育毛入学率为48.80%，每万人口普通高校在校人数为181.03人①；就业能力不断提升，创新活力不断增强，初创型高新技术企业不断涌现；参与社会治理的深度和广度大幅拓展。

一方面，随着其他省份经济的不断发展和互联网对青年生活时空的

① 《广东统计年鉴2020年》，广东统计信息网，http：//stats.gd.gov.cn/gdtjnj/content/post_3098041.html。

重构，以及跨越地域限制的新兴经济蓬勃发展，各地在青年的聚集与吸纳上都推出了丰厚的优惠政策，广东青年工作的领先优势在不断缩小。在全国推动中长期青年发展规划实施、加强青年政策创新的背景下，广东如何基于现有的工作基础进行前瞻性的探索，构建和完善党委领导、政府主责、共青团协调、各方齐抓共管的工作格局，为新时代加强党的青年工作探索出一条新路，是编制和实施具有广东特色的中长期青年规划时需要思考的重点问题。

对一个地区而言，青年人口，特别是具有一定文化素养的青年人口所占的比重越大，该地区的发展潜力相应也就越大。2018 年，广东省常住人口数量居全国首位，占全国人口总量的 8.13%，比 2017 年提高 0.1 个百分点。人口密度为全国的 4.35 倍。2018 年的人口出生率为 12.79‰，高于全国平均水平 1.85 个千分点。因为人口出生率和人口迁移，广东人口老年化进程比其他省份有所减缓。[①] 广东也是全国青年人口占比较大的省份之一，每年都有数十万高校应届毕业生从全国各地到广东求职就业。珠江三角洲地区密集的制造业容纳了大量来粤发展的青年。从广州、深圳两座特大城市，到珠江三角洲地区的二、三线城市，再到粤东粤西粤北地区，广东省内呈现发展梯度的地区差异，为不同类型的青年提供了多种发展机会，是全国乃至全球青年发展的热土。

另一方面，广东省内区域发展不平衡的现象仍然比较突出。珠江三角洲地区和粤东粤西粤北地区之间、城镇和乡村之间的发展水平存在较大的差距，这是广东发展青年工作必须考量的现实前提。随着乡村振兴战略的深入推进，特大城市人口规模将进一步被限制，广大三四线城市乃至乡村地区将迎来长足发展，进城务工青年向大城市转移的趋势将有可能得到缓解，就地实现城镇化。如何在推进经济社会区域协调发展的大背景下，加强青年在教育、就业创业、身心健康等领域的平衡发展，

---

① 《2018 年广东人口发展状况分析》，stats. gd. gov. cn/attachment/0/328/328650/2268233. pdf。

是新形势下青年工作亟待破解的难题。

鉴于研究主题，本书从公共政策创新与扩散、中长期青年发展规划、共青团的定位和职能三个领域进行文献梳理，试图从公共政策的视角理解中长期青年发展规划这一全新、全面的青年政策制定、执行与扩散的逻辑，并结合共青团的改革进程，深入理解具有中国特色的青年发展政策体系和群团组织工作机制之间的关系。

第一节　关于公共政策创新与扩散的研究

青年政策是公共政策体系的组成部分，同样遵循公共政策体系制定、执行与扩散的逻辑。在公共政策创新扩散的影响因素上，朱旭峰、张友浪重新阐释了布什伊的政策创新扩散动力模型，其中包括纵向和横向影响政策扩散的环境因素、作为政策创新主体的地方政府、作为政策创新客体的政府创新本身以及推动政府创新扩散的媒介。[①] 定明捷、张梁认为地方政府的政策扩散受到其他地方类似创新决策选择及效果的影响。在政策创新扩散系统中活跃着政策创新先驱、政策创新守门员以及政策创新代理人等主要的行动者，他们通过不同的方式影响创新决策者的选择。[②] 朱德米以西方政策的制定过程为例，提出在公共政策制定过程中，代议机构、利益集团和行政机构之间的角逐，或者说通过政策子系统来制定公共政策，形成了公共政策制定的“铁三角”。[③] 宋雄伟提出在政策传导研究中应采取“整合式”的研究范式，既注重分析导致政策执行差距的因素和“党政高层推动”的中国特色，又注重分析执行成员间、层级间等的互动关系，以及基层官员的自由裁量权，并且要

① 朱旭峰、张友浪：《地方政府创新经验推广的难点何在——公共政策创新扩散理论的研究评述》，《人民论坛·学术前沿》2014 年第 17 期，第 63~77 页。

② 定明捷、张梁：《地方政府政策创新扩散生成机理的逻辑分析》，《社会主义研究》2014 年第 3 期，第 75~82 页。

③ 朱德米：《公共政策扩散、政策转移与政策网络——整合性分析框架的构建》，《国外社会科学》2007 年第 5 期，第 19~23 页。

从关注政策执行过程的研究中进一步分析导致政策执行扭曲的变量。① 赵慧以2000~2010年的城市低保政策细则创新为研究对象，提出地方政府会运用其创新力在政策循环的不同阶段与中央政府策略化地互动，在中央政策框架下形成具有差异化政策理念的社会政策细则。② 岳经纶、王春晓以“三明医改”为例，提出在碎片化权威体系下，各级政府以及每一级政府各部门间的利益认知，对政策创新与扩散的进度和广度具有主导性影响。一项成功的政策创新与扩散需要来自府际及部门间的协调以及在协调中的“付出”与“妥协”。③

在公共政策的传导偏离研究上，林小英以教育政策过程为例，阐述了一项教育政策从设计到实施中的目标偏离，提出中央教育行政部门的政策规定给地方教育行政部门留下回旋余地，地方教育行政部门的行政行为具有较大的自主性，其政策目标可能产生偏离。④ 李健以政府参与公益创投为主要研究对象，提出公益创投政策在不同行政层级中的扩散速度存在较大差异。这种差异大小与政府行政层级的高低呈现非线性关系，具有一种“中间崛起”的特征，地市级层面在公益创投政策扩散中扮演了更为积极的角色。⑤ 龚宏龄认为农村区域存在文本性的政策内容传达至基层后“悬浮”，导致一些政策在农民群体中的知晓程度十分有限，不仅影响了农民对政策的理解与认同，妨碍政策的有效执行，还导致农村基层社会干群关系对立，严重弱化农民对基层政府和乡村干部

① 宋雄伟：《论中国公共政策执行研究的“整合式”视角》，《天津社会科学》2015年第4期，第78~82页。

② 赵慧：《社会政策创新与福利理念趋异：基于纵向政府间关系的视角》，《公共行政评论》2018年第5期，第138~190页。

③ 岳经纶、王春晓：《三明医改经验何以得到全国性推广？基于政策创新扩散的研究》，《广东社会科学》2017年第5期，第186~197页。

④ 林小英：《教育政策过程中的行政纵向制约：垂直维度和水平维度的研究》，《高等教育研究》2006年第12期，第40~46页。

⑤ 李健：《公益创投政策扩散的制度逻辑与行动策略——基于我国地方政府政策文本的分析》，《南京社会科学》2017年第2期，第91~97页。

的认同和信任。[①]

第二节 关于中长期青年发展规划的研究

对于制定中长期青年发展规划的意义，很多学者从不同的方面进行了详细阐述，着重探讨了中长期青年发展规划的重大意义和时空定位。有的学者结合实际经验介绍了一定层级青年发展规划出台的路径。

在出台中长期青年发展规划的意义和必要性上，周晓燕认为以往我国青年发展的相关政策缺乏统一性、系统性、全面性、广泛性。过去已有的青年政策存在针对性不强、碎片化、约束力和指导性有限、可操作性偏低等问题。[②] 张丹、常怡蓉从党和国家重视青年发展的重要举措、解决新时期青年发展问题的必然选择、推动国家治理现代化的必然选择、适应中国社会深化改革发展的需要、实现国家长治久安的需要、应对复杂多变的国际环境的需要六个方面论证了青年发展规划出台的必要性。[③] 邓志强在剖析转型时期青年发展不确定性的基础上，进一步认为国家《规划》在时间和空间上对青年发展锚定了确定性，提出中国青年政策制定的逻辑起点是中国社会时空结构的新特征。[④]

在中长期青年发展规划的出台路径上，张良驯从多源流理论的视域出发，认为青年发展的问题溪流、执政党意志的政治溪流和青年发展政策实践建议的政策溪流，通过共青团深化改革联结起来，开启了青年发展规划的政策之窗。[⑤] 林楠以共青团广东省委以团青新型智库为主体制

① 龚宏龄：《农村政策纵向扩散中的“悬浮”问题》，《西北农林科技大学学报》（社会科学版）2017 年第 2 期，第 51~57 页。

② 周晓燕：《国家视角下的青年发展》，《青年发展论坛》2017 年第 3 期，第 3~11 页。

③ 载姚建龙主编《中长期青年发展规划解读与研究》，中国政法大学出版社，2018，第 11~12 页。

④ 邓志强：《青年发展规划与新时代青年发展的时空指向》，《中国青年社会科学》2018 年第 1 期，第 121~128 页。

⑤ 张良驯：《多源流理论视域下青年发展规划的政策议程研究》，《中国青年研究》2017 年第 9 期，第 5~11 页。

定广东中长期青年发展规划的过程为例，探讨了青年政策制定的“供给侧”改革，论证了通过开启“旋转门”、打开“信息窗”、催化“转化酶”来加强青年政策制定的青年政策新路径。[①] 谢素军基于优化的信息空间理论，探讨了青年政策转移中的“学习周期”，提出团青组织间的政策转移明显不同于一般的政策转移，政策信息即便完成了编码过程并得以概念化，具备了可扩散的条件，仍然不能在所有地方实现通用。[②] 谢碧霞从国家及各省份青年发展规划的文本出发，指出青年政策在传导中呈现的特征。[③] 邓希泉从青年政策发展体系的主导力量、发展方向、发展理念和制度措施等主体要素来阐述青年发展规划的政策内涵。[④]

在中长期青年发展规划工作的机制和效果上，吴庆阐述了规划实施过程中的几个关键因素：青年发展与青年充权、青年年龄界定、青年政策宣传、青年的组织化和制度化、青年对规划的接纳和参与等。[⑤] 张华探讨了构建地方青少年发展监测系统的必要性和一般原则，并以江西省为例详细阐述了青少年发展监测系统的抽样过程。[⑥] 杨守建从监测评估的内容、主体和方法三个方面阐述了青年发展规划监测评估的内在逻辑和要求，并指出了青年发展指标体系面临的主要难题，提出在监测评估中创建中国的青年发展指数。[⑦] 石国亮认为党和政府对青年的重视，能

① 林楠：《团青新型智库参与青年政策制定的路径探析——以〈广东中长期青年发展规划〉制定的“供给侧改革”为例》，《岭南学刊》2019 年第 2 期，第 87~91 页。

② 谢素军：《青年政策转移：基于优化的信息空间理论探讨》，《当代青年研究》2020 年第 4 期，第 96~102 页。

③ 谢碧霞：《青年发展规划的政策传导及其影响因素研究——以省级青年发展规划文本为分析对象》，《中国青年社会科学》2020 年第 3 期，第 1~11 页。

④ 邓希泉：《青年发展的理论创新与现实愿景》，中国青年出版社，2017，第 65 页。

⑤ 吴庆：《国家青年发展规划执行过程中的青年因素分析》，《青年探索》2017 年第 4 期，第 21~27 页。

⑥ 张华：《地方青少年发展监测系统的构建原则与技术要求——以江西省青少年发展监测系统抽样过程为例》，《青年发展论坛》2018 年第 2 期，第 21~37 页。

⑦ 杨守建：《青年发展规划的监测评估研究》，《中国青年研究》2017 年第 9 期，第 26~36 页。

够促使资本从市场层面推出更多为青年服务的市场化产品和服务，市场力量的参与和推动能够使党和政府的政策传播得更为广泛，进而促使与青年有关的有利的社会环境的形成。①

第三节　关于共青团的定位和职能研究

从党对团的定位来看，共青团首先是共产党的青年组织，具有鲜明的政治性。《中国共产党章程》中单独设立一章，明确规定党和共产主义青年团的关系："中国共产主义青年团是中国共产党领导的先进青年的群众组织，是广大青年在实践中学习中国特色社会主义和共产主义的学校，是党的助手和后备军。"② 同样的表述也出现在《中国共产主义青年团章程》的总则中。③ 张华分析了共青团的政治属性，转引了邓小平的一段谈话："党现在是执政党，团也是执政党的助手，他和党是'穿连裆裤子'的。"④ 胡献忠认为共青团是中国共产党的青年组织，是作为党的辅翼而产生的，主要功能是在青年群体中传播党的意志和主张，为党凝聚后备力量。⑤ 黄志坚认为共青团是党领导的青年组织，其生命力和战斗力皆取决于团的组织是否能同青年群众保持密切的联系，把最广大青年团聚到自己的周围跟着党走。⑥

在共青团的群众性定位研究上，需要提及的一个研究趋势是，随着"单位制"社会的解体和青年群体的"原子化"，关于共青团群众性的

① 石国亮：《我们为什么要面向青年出台专门的"规划"——从"青年是不是弱势群体"谈起》，《中国青年社会科学》2017 年第 4 期，第 1~9 页。

② 中国共产党第十九次全国代表大会修订《中国共产党章程》，人民出版社，2017。

③ 中国共产主义青年团第十八次全国代表大会修订《中国共产主义青年团章程》，中国青年出版社，2018。

④ 张华：《中国共产主义青年团职能研究》，人民出版社，2013，第 125~126 页。

⑤ 胡献忠：《共青团改革的逻辑回归：历史与政治的解读》，《中国青年社会科学》2017 年第 1 期，第 95~100 页。

⑥ 黄志坚：《共青团的旗帜为什么如此绚丽——析共青团的特殊功力及其运行规律》，《中国青年研究》2012 年第 7 期，第 40~44 页。

研究近年来成为学界的热点。这一方面源于对共青团“政治性”“先进性”研究的重心：如何遵循既有的基本政治纲领来实现范式的创新。另一方面，社会生活的变迁和青年群体的客观变化使共青团作为青年组织的“群众性”特征更加凸显，并深刻地影响了这一组织的存在形态和运作模式乃至团体价值。郗杰英、胡献忠认为共青团具有社会性和群众性，故需要通过代表和维护青年利益、满足青年需求、根据青年兴趣特点开展工作等途径来吸引和凝聚普通青年。①

杨岳分析了新中国成立后共青团职能发展的五个阶段：第一个阶段是1949~1956年，共青团的职能是跟着共产党，站在社会主义革命和建设的前列，充分发挥突击队作用；第二个阶段是1957~1965年，共青团的职能是带领广大团员青年积极投身经济建设的各项事业中，做社会主义建设的突击队，做战胜艰难险阻的生力军；第三个阶段是1966~1977年，时值“文化大革命”时期，共青团组织遭到摧残，团的工作一度中断；第四个阶段是1978~2001年，共青团的职能是团结带领广大团员青年积极投身改革和建设的实践，为建设中国特色社会主义伟大事业建功立业；第五个阶段是2002年至今，在新世纪新阶段，共青团的职能定位有三项，即党的助手和后备军、国家政权的重要社会支柱、党和政府联系青年的桥梁和纽带。②

此外，针对新时期共青团组织的职能转变，学者们还提出了一些新观点，如张伟提出应该将“第三部门”的社会作用作为共青团职能转变的新思路，将社会服务的职能作为共青团的职能，从而改变以往只从政治职能的角度理解共青团的传统思路。③ 张华提出，新时期共青团要从共青团与执政党、共青团与政府、共青团与青年的关系三个层

① 郗杰英、胡献忠：《中国共青团90年的历史经验与启示》，《中国青年政治学院学报》2012年第3期，第8~16页。

② 杨岳：《从共青团发展看执政党青年组织的职能变迁》，《中国青年研究》2009年第10期，第23~27页。

③ 张伟：《新时期共青团职能定位的思考》，《中国青年研究》2003年第8期，第77~80页。

面探索发挥自身作用的途径：强化政治职能，为党凝聚青年力量；拓展社会职能，协助政府管理青年事务；细化群团职能，依法代表和维护青年利益。① 郑长忠提出，作为国家治理体系的重要组成部分，共青团既是党的工作体系的重要组成部分，又是围绕青年问题而勾连国家治理体系各要素的组织网络和制度通道。② 谭毅以新中国成立以来共青团中央参与制定的青年政策为研究对象，提出共青团在中国青年政策网络中的影响力十分强大，不但占据整个网络的中心地位，在协调其他政策主体中发挥重要作用，而且是整个网络形成的基石性政策主体，具有不可替代性。③ 楚国清认为，共青团承担着管理青年事务的许多责任。共青团提出的关于青年和青年工作的意见，是青年政策的普遍形式。④

通过对公共政策创新与扩散、中长期青年发展规划、共青团职能和定位的渐进式研究文献梳理中可以观察到，以中长期青年发展规划为形式的整体性青年政策已经逐渐进入各领域学者的研究视野，在研究选题切入和理论深度的选取方面也日臻成熟。特别是公共政策和共青团研究两个领域的研究者和实践者，得以在中长期青年发展规划实施的理论和实践讨论中产生对话的可能。

目前对青年政策的理论研究和实践讨论处于起步阶段，我们对这一领域的阐述还不完善。第一，在研究方法方面，着眼于结构性的研究较多，从中很少看到作为政策客体，即青年群体在政策制定中的身影，听到他们的声音，而青年群体的需求应当是青年政策得以产生的根本性原因之一。第二，在研究对象方面，现有对青年发展规划的研究多侧重于

① 张华：《和谐社会视野下共青团组织的职能定位》，《中国青年研究》2008 年第 4 期，第 22~27 页。

② 郑长忠：《中国青年发展的政治逻辑——党管青年原则与中国青年发展的关系研究》，《青年学报》2017 年第 4 期，第 54~58 页。

③ 谭毅：《新中国成立以来的青年政策网络结构与特征研究》，《青年探索》2020 年第 2 期，第 42~53 页。

④ 楚国清：《我国青年政策的发展脉络与未来思考》，《北京青年研究》2017 年第 3 期，第 5~13 页。

理念剖析，缺少以工作实践为导向的研究，而结合理论来分析论证实践工作的就更少了，理论和实际的联结稍显薄弱。第三，在对比研究方面，部分学者尝试在省级层面对各个地区的规划进行文本比较研究，但对经济结构类似、文化归属相近的同一省域内青年政策如何创新和落实的研究较少，难以展现基层政策逐级落实的实践智慧。

因此，本书以广东省域内中长期青年发展规划的实施为例，将青年群体在政策制定中的迫切需求纳入关键变量，尝试阐述青年政策是如何自下而上纳入视野，形成文本后又如何自上而下传导创新的，进而对深化中长期青年发展规划实施工作提出政策建议。

第一章　结构与主体：青年发展中党政团社的职责联动

习近平总书记在纪念五四运动100周年大会上的重要讲话中指出："关心和支持青年是全社会的共同责任。一切党政机关、企业事业单位，人民解放军和武警部队，各人民团体和社会团体，广大城乡基层自治组织，各新经济组织和新社会组织，都要关心青年成长、支持青年发展，给予青年更多机会，更好发挥青年作用。"① 在现有的青年工作架构中，党委、政府和共青团组织都是政策的重要主体，在青年发展规划中承担着不同的职能。党委在"党管青年"原则下，加强对青年工作的领导；政府各职能部门按照自身工作主责，在不同的条块上制定涉及青年的政策，推动相关工作；共青团组织作为共产党联系青年群众的桥梁纽带和青年合法利益的代言人，在其中起着协调推动、政策倡导的作用。

以上三个主体具备政策制定和执行的职能。而在"非官方"领域，随着社会活力的逐渐激发，大量以青年为主体或服务青年的社会组织涌现出来，青年群体乃至个体的参与意识也极大增强，他们同样是青年政策制定和实施的主要参与者。在理想的青年政策实施架构中，充分发挥各个政策主体的功能，进行跨部门的横向协同治理和跨层级的纵向协同治理，充分发挥青年社会组织和青年群众的能动性，才能汇聚各种社会

① 《习近平：在纪念五四运动100周年大会上的讲话》，求是网，http：//www.qstheory.cn/yaowen/2019-04/30/c_1124440333.htm。

力量，形成协同治理的合力，提高治理效能，从而使青年发展规划得到有效执行，推动广大青年在新时代得到更充分和更高质量的发展。

第一节　党的领导和政府主责

中国共产党自成立以来就高度重视青年工作。在新民主主义革命、社会主义革命和建设、改革开放和社会主义现代化建设、新时代中国特色社会主义等各个阶段，中国共产党都将青年工作牢牢抓在手中，充分发挥青年推动社会变革的能动性，将青年工作有机地嵌入政治、经济和社会的各项工作中。“党管青年”原则是中国共产党在长期领导中国革命和建设的实践过程中创立形成的、具有中国特色政党青年工作的理论成果。

一　“党管青年”原则和党对青年工作的领导

党的十八大以来，以习近平同志为核心的党中央高度重视、亲切关怀青年一代，把青年工作上升为党治国理政的一项基础性、全局性和战略性工作。习近平总书记亲自指导和推动出台新中国成立以来第一个青年发展规划，从理论和实践上明确了“党管青年”原则。这是“党政军民学，东南西北中，党是领导一切的”在青年工作中的具体体现，与“党管干部”“党管军队”“党管人才”一脉相承，充分显示了党代表青年、赢得青年、依靠青年的一贯立场，更是新时代党的青年工作思想的重大创新和升华，是习近平总书记关于青年工作的重要思想的核心内涵，对做好新时代青年和共青团工作具有重大而深远的意义。需要注意的是，坚持“党管青年”的原则虽然是首次提出，但其精髓来源于长期以来党对青年工作领导的宝贵经验，是中国共产党青年工作历来坚持的原则与理念。

经验表明，只有坚定坚持中国共产党对青年工作的正确领导，中国特色社会主义建设事业才会后继有人，才能有源源不断的动力，中国的青年事业才能不断取得突破。坚持“党管青年”原则，关乎“红色江山永不变质”，关乎中国青年运动是否能始终坚持正确的方向，关乎中国青年群体是否能实质性地健康成长。对中国共产党来说，不断奠定执政的青年基础，事关执政地位的夯实和未来蓝图的实现。

一方面，“党管青年”原则能保证中国特色社会主义青年运动的方向，充分体现了社会主义的本质内核，即社会发展的历史进程离不开青年的全面发展。另一方面，青年发展也是经济社会得以发展的潜在动力。在中国特色社会主义青年运动的框架内，国家和青年发展相互促进，形成牢不可分的命运共同体。基于社会主义初级阶段的基本国情，在党的领导下，以共青团为枢纽，我国形成了“同心共转”的青年组织体系，推动各领域青年政策予以衔接，统筹整合一切有利于青年发展的力量，实现聚焦在青年发展上社会资源的耦合协调运行。

“党管青年”原则能保证青年形成正确的价值观。五四运动后，中国无产阶级独立登上历史舞台，在马克思主义的指导下，中国青年运动将进步的价值观作为发展动力和主导方向。中国共产党在各个历史时期都注重用进步的价值观来号召、凝聚和动员广大青年。精神价值超过物质价值，成为广大青年积极融入社会、改造社会，推动社会创新发展的精神内核。同时，青年在实践中实现了符合历史方向和社会需求的自我发展，成为中国特色社会主义事业的建设者和接班人。中国特色社会主义青年工作推动青年实现价值与物质发展的和谐统一。

中国共产党一直以来高度重视青年发展，并将其作为执政党对青年发展负有的全方位的领导责任。“党管青年”原则提出的依据，首先在于党领导一切必然会反映到青年事务上来，其次在于党与青年之间存在密切的关系，最后在于党要加强对青年工作的有效治理。[①]“党管青年”原则更加强调党对青年发展的主体责任，体现为党是中国特色青年发展

① 张良驯：《党管青年原则的理论阐释》，《青年学报》2021年第1期，第6~14页。

政策体系的第一主体。[①] 习近平总书记深刻指出，“中国共产党立志于中华民族千秋伟业，必须始终代表广大青年、赢得广大青年、依靠广大青年，用极大力量做好青年工作，确保党的事业薪火相传，确保中华民族永续发展”。[②]“代表广大青年”是党在青年工作路线中一以贯之的。在革命、建设、改革的各个历史时期，中国共产党始终代表中国最广大人民的根本利益，当然也是青年利益和青年发展的根本代表。党将青年视为中国特色社会主义事业的建设者和接班人，党的事业同时包含了青年发展的事业。“赢得广大青年”的内涵包括各级领导干部从整体上将青年工作纳入党的工作范畴，职能部门将青年群体当作重要的“利益相关者”，纳入各领域政策和工作视野，直接体现了党对青年群体的关心，在准确把握青年群体主要诉求的基础上，精准了解和满足不同青年群体的合理诉求，完善利益满足机制。“依靠广大青年”要求青年政策不仅限于完善青年发展的福利，更应将青年作为推动社会和历史发展的积极动力，作为共和国长治久安的有生力量。

虽然从严格意义上讲，青年并不完全属于社会中的弱势群体，一些兜底性、福利性的工作并未将青年作为政策对象，但是在社会高速发展的背景下，青年群体的心理发展远远滞后于生理发展。加上在就学期间，繁重的学业和成绩“指挥棒”作用，对社会实践和适应的训练尚不能满足青年的成长需求。因此，在刚刚进入社会时，面对激烈的社会竞争，青年容易产生因场域转换不协调而带来的焦虑情绪，所以需要各方面赋能，需要周密的制度安排和成人世界的实质性帮助。青年政策和青年工作的发展理念要由原来的滞后战略、同步战略转变为优先战略，在“关爱青年”上，要着眼于青年个体，更加精准地推动青年个体的全面均衡发展。

---

① 邓希泉：《青年发展的理论创新与现实愿景》，中国青年出版社，2017，第 65 页。

② 《我们的党永远年轻——五论学习贯彻习近平总书记在纪念五四运动一百周年大会上的重要讲话精神》，中国共产党新闻网，http：//theory. people. com. cn/n1/2019/0510/c40531-31077961. html，最后访问日期：2021 年 7 月 22 日。

只有在党的领导下，通过健全党委领导、政府主责、共青团协调、各方齐抓共管青年事务的体制机制，不断推进完善制度建设，实现任何单位、社区到任何地区、省份再到整个国家，营造起良善的社会环境，才能使全体青年公平公正地享有发展机遇和社会成果。党要对新时期的青年发展承担更多更大的责任，为青年发展创造更好更优的成长环境。

在中国，中国共产党不仅仅是执政党，其基层组织更是有机融合到社会肌理之内，深入人民群众之中。在党建带团建的理念下，党团组织是凝聚基层社会、探索在社区这个最微小单位实现治理创新的一支重要力量。这决定了在青年发展协同治理中所形成的制度安排。党团组织不仅是政策的领导者和推动者，而且是青年政策得以落实的现实参与者和实践者。而专门从事青年群团工作的共青团组织，更是被赋予了推动青年政策落实的重要职能。

2015 年，党的群团工作会议胜利召开，这是党的历史上第一次由党中央召开党的群团工作会议。同年印发的《中共中央关于加强和改进党的群团工作的意见》明确指出："党的领导是做好群团工作的根本保证。各级党组织必须负起政治责任，加强对群团组织的政治领导、思想领导、组织领导，把党的理论和路线方针政策贯彻落实到群团工作各方面、全过程。"①

在具体的工作实践中，"党管青年"这一原则可以量化体现为以下几个方法。①在政治上加强党对青年工作的领导。如党委常委会及时召开会议传达学习习近平总书记关于青年和共青团工作的重要指示精神，定期听取本地区青年和共青团工作汇报、专题研究青年工作。②在制度上将青年工作纳入党建工作。如将党建带团建工作纳入当地党建工作规划、党建工作年度考核及巡视巡查重要内容。③在考核上加强对党管青

① 《中共中央关于加强和改进党的群团工作的意见》，中央人民政府网，http://www.gov.cn/xinwen/2015-07/09/content_2894833.htm。

年工作的督导。如将共青团和青年工作成效作为各级各类党组织领导班子和分管同志工作考核的重要依据。④在梯队建设上形成党团顺畅衔接的机制。如将“推优入党”纳入当地党员发展工作规划，落实“28岁以下青年入党，一般应从团员中发展，发展团员入党应经过团组织推荐”的规定，安排一定额度的党费用于共青团开展“推优”工作、青年骨干教育培训和基层团组织建设工作。⑤在组织上加强对共青团的领导。如在青年集中的机关、国有企事业单位、所属高校成立青年工作委员会等。

“党管青年”原则在一个区域内得到贯彻落实的程度，可以从该地区党委主政的理念中充分反映出来。广东省是青年人口大省，也是青年发展大省，对青年工作非常重视。从2002年至今，广东省党代会的工作报告对青年发展和青年工作都有一定篇幅的阐述。从近三届党代会工作报告的文本分析中可以发现，虽然目前对青年发展的整体性政策设计仍处于沟通与衔接的起步阶段，但广东省的青年工作理念显然已经从原则性的表述，或者仅仅聚焦于青年思想的引领，逐渐向科技创新等更加丰富的经济社会领域扩展，彰显了将青年视为社会经济发展重要动能的主政理念（见表1-1）。

表1-1　2002~2017年广东省党代会工作报告中关于青年工作的内容

序号	党代会	次数	关键词
1	中国共产党广东省第九次代表大会报告（2002年5月31日）	2次	充分发挥各级党委总揽全局、协调各方的领导核心作用，充分发挥人大、政府、政协以及工会、共青团、妇联等群众团体的职能作用；重视发挥工会、共青团、妇联等群众团体的桥梁纽带作用
2	中国共产党广东省第十次代表大会报告（2007年5月22日）	3次	深化社会主义荣辱观教育，继续在人民群众中开展“爱国、守法、诚信、知礼”教育，在青年学生中开展“立志、修身、博学、报国”教育，加强未成年人思想道德建设；强化公共就业服务，大力实施农村青年和退役士兵技能培训等工程；注重在生产、工作一线和高知识群体、青年、妇女中发展党员，优化党员队伍结构

续表

序号	党代会	次数	关键词
3	中国共产党广东省第十一次代表大会报告(2012年5月9日)	2次	坚持党员发展标准，注重从优秀青年特别是共青团员中发展党员；加强对群团组织的领导，充分发挥工会、共青团、妇联等人民团体联系群众、服务群众的作用
4	中国共产党广东省第十二次代表大会报告(2017年05月22日)	3次	工会、共青团、妇联等群团组织桥梁纽带作用积极发挥；优化实施各类人才培养计划，面向创新发展需要，突出培养一线创新人才、青年科技人才和高技能人才；积极推进工会、共青团、妇联等群团改革，增强群团工作和群团组织的政治性、先进性、群众性

二　政府职能部门对青年发展的工作主责

在党的领导下，政府职能部门立足自身固有职能，承担具体青年事务和工作职责。青年群体的主要特征以年龄阶段来划分，呈现综合性和多样性，跨越了固有的行政边界。因此，青年工作涉及多领域、多层级、多部门，基本嵌入现行政策框架之中，并受到既有政策的制约，是一个动态调整的体系。政府职能部门在各自的职责领域制定和执行政策，通常都会与青年群体产生工作交集。其中一种是，虽然未能以青年冠名，但其职能和政策对象以青年为主，如教育、人社、体育等部门制定的各项规定。另外一种是，虽然在工作对象中，青年没有明显的比例优势，但政策实施过程同样对青年群体产生了重要影响，如在城乡建设、文化等领域，青年是重要的建设参与者和政策红利共享者。在社会分工越来越精细的趋势下，青年问题不是某一领域的问题，而是“牵一发而动全身”，只有综合治理、协调统筹才能更好地予以解决，这需要多个职能部门的配合。

从协同治理理论看，不同政府部门在履行职责的过程中容易专注于自身领域和范围，持有各自的利益诉求，往往从部门利益出发做出决策，采取行动，导致各自为政的现象大量出现。[①] 在政府职能部门层面，当前青年政策仍然存在以下障碍：一是政策制定障碍，即相关部门在制定政策过程中，缺乏对青年群体的整体考量，较少评估政策对青年群体可能带来的影响；二是政策执行障碍，即相关青年政策在执行过程中，多由共青团牵头，群团组织在推动政策实施上较为弱势，力度不足。因此，青年政策环境的困境需要宏观系统的政策规划与顶层设计来予以突破。

国家《规划》的实施彰显了我国青年政策整体思路由被动保护青年到主动赋权青年的转变，从联合发布到联合执行，实现了青年政策文本形式的拓展和青年政策制定与执行的有机衔接。[②] 国家《规划》的政策文本和工作部署明确规定，要建立跨部门综合性青年工作协调机制——青年工作联席会议机制。在强有力的政策推动下，目前从国家到省，再到市县，纵向的四级青年工作联席会议机制已经基本建成，联席会议办公室均设在共青团组织。通过担任召集人的党政领导推动、共青团的协调统筹和相应层级各职能部门的密切联动，联席会议机制的效能发挥将贯穿于规划实施的政策转化、中期评估、督导考核全过程，这是各级中长期青年发展规划得以切实落地的有效抓手。

在国家层面，部际联席会议成员单位包括中央宣传部、中央网信办、中央文明办、国家发展改革委、教育部、国家民委、民政部、财政部、人力资源和社会保障部、文化和旅游部、卫生健康委、体育总局、统计局、社科院、共青团中央 15 家。联席会议机制自建立以来已经召开了三次全体会议。各省、市、县三级青年工作联席会议参照国家的架构，在国家部委构成上，根据工作实际进行增减，发展出不同的模式。

在省级层面，河北省大力强化对 8 个国家级和省级规划试点县

---

① 张良驯、杨长征：《中国青年发展规划的理论与实践》，人民出版社，2018，第 34 页。

② 谭毅：《〈中长期青年发展规划（2016—2025 年）〉的政策学解读》，《中国青年研究》2017 年第 9 期，第 12～18 页。

（区、市）的工作督导。由省联席会议办公室召开专题会议，从体例是否完整、任务举措是否结合工作实际、是否注重发挥现有青年工作品牌项目的作用3个方面，完成对试点县（区、市）工作方案的研究评估，并分别出具评估意见。江苏省将本省青年发展规划进行深化整合，形成7个省级规划重点项目，创新设计推出5个特色项目，建立完善推动落实机制，搭建团省委内部和相关厅局的定期沟通联络机制。贵州省将中长期青年发展规划作为专项目标，纳入省直部门2020年度目标绩效管理体系，由省联席会议办公室牵头实施考核，将省委组织部、省委宣传部等49家省直单位作为考核对象。

基于特殊的地情民情，广东省的青年政策具有清晰的取向和明显的特色，更加注重在经济社会建设中发挥青年的创造性，更加注重青年工作与港澳工作的有机结合，更加注重城乡之间、不同地域之间青年的均衡性发展。

表1-2　2001~2021年广东省人民政府工作报告中关于青年工作的内容

序号	广东省历届人民代表大会	次数	关键词
1	广东省省长黄华华在广东省第十一届人民代表大会第四次会议上做政府工作报告（2011年1月22日）	1次	净化文化环境，保护青少年身心健康
2	广东省代省长朱小丹在广东省第十一届人民代表大会第五次会议上做政府工作报告（2012年1月13日）	1次	实施青年领军企业上市孵化工程
3	广东省省长朱小丹在广东省第十二届人民代表大会第一次会议上做政府工作报告（2013年1月25日）	3次	认真听取各民主党派及工会、共青团、妇联等群众团体意见，有序开展网络问政；强化工会、共青团、妇联等群团组织的枢纽功能；完善公共就业服务体系，建立全员培训制度，做好以高校毕业生为重点的青年、农村转移劳动力、城镇困难人员、退役军人就业以及失业人员再就业工作

续表

序号	广东省历届人民代表大会	次数	关键词
4	广东省省长朱小丹在广东省第十二届人民代表大会第二次会议上做政府工作报告（2014 年 1 月 16 日）	3 次	认真听取各民主党派、工商联、无党派人士及工会、共青团、妇联等人民团体意见；促进以高校毕业生为重点的青年就业和农村转移劳动力、城镇困难人员、退役军人就业；广泛听取各民主党派、工商联、无党派人士和工会、共青团、妇联等人民团体意见
5	广东省省长朱小丹在广东省第十二届人民代表大会第三次会议上做政府工作报告（2015 年 2 月 9 日）	1 次	全面深化学校体育改革，提升青少年体质健康水平，发展校园足球
6	广东省省长朱小丹在广东省第十二届人民代表大会第三次会议上做政府工作报告（2016 年 1 月 25 日）	5 次	全民健身和青少年体育蓬勃开展，竞技体育取得突出成绩。加快区域性股权交易中心、新三板区域中心、“青创板”等建设，完善多层次资本市场。深化粤港澳合作，建设港澳优势产业集聚区和粤港澳青年创新创业基地；促进社会治理精细化，加强社区管理服务，激发社会组织活力，充分发挥工会、共青团、妇联等在社会治理中的作用；落实高校毕业生就业促进和创业引领计划，带动青年就业创业
7	广东省代省长马兴瑞在广东省第十二届人民代表大会第五次会议上做政府工作报告（2017 年 1 月 19 日）	3 次	加强劳动力技能培训，补贴参加技能晋升培训的劳动者 22 万人次，培训山区创业青年 14350 人；加快建设粤港澳青年创新创业基地；广泛开展群众体育运动，深化青少年体育改革和足球改革
8	广东省省长马兴瑞在广东省第十三届人民代表大会第二次会议上做政府工作报告（2019 年 1 月 28 日）	2 次	深入推进粤港澳合作办学、合作办医，抓好港澳青年创新创业基地建设；减轻学生过重学业负担，严格校外培训机构管理，强化学生体育锻炼，加强儿童青少年近视综合防控
9	广东省省长马兴瑞在广东省第十三届人民代表大会第三次会议上做政府工作报告（2020 年 1 月 14 日）	3 次	民生领域合作取得新进展，港澳创业者纳入内地创业补贴扶持范围，与港澳共建 13 家青年创新创业基地；全面落实中央惠港惠澳政策，实施“湾区通”工程，大力推进港澳青年创新创业基地建设；做好 2020 年奥运会、全国冬运会等备战参赛工作，筹办好汕头亚洲青年运动会
10	广东省省长马兴瑞在广东省第十三届人民代表大会第四次会议上做政府工作报告（2021 年 1 月 24 日）	3 次	大力推动规则衔接、机制对接，实施境外高端紧缺人才个人所得税优惠、科研资金跨境使用、与港澳共建青年创新创业基地等政策措施，“湾区通”工程取得明显成效；深化民生领域合作，推进港澳青年创新创业基地建设，促进青少年交往交流交融；推进体育强省建设，办好第三届亚洲青年运动会，广泛开展全民健身活动

资料来源：《政府工作报告》，广东省人民政府网，http：//www.gd.gov.cn/zwgk/zfgzbg/。

但同样值得注意的是，随着青年发展和青年工作受到党政部门和社会的关注度逐年提升，虽然各职能部门对青年工作的支持力度显著增强，但总体来看，青年还未被作为一个政策整体纳入职能部门的视野之内，现有的框架仍集中在几个传统的青年工作领域，“青年优先发展”的共识还未真正形成。

因此，只有充分发挥各个职能部门的作用，围绕青年成长发展的各个环节、各个阶段的核心需求，在横向上加强协同合作，在纵向上加强政策创新，才能真正形成青年工作有效推动的合力，将青年问题的解决提上共同的议事日程，形成全社会关爱青年、关心青年发展的良好氛围。

第二节　共青团组织的枢纽协调

共青团是国家政治体制的重要组成部分，被中国共产党赋予了巩固和扩大党执政的青年群众基础的政治责任。中国共产党一贯重视青年群众工作，在成立不久后就将青年工作提上议事日程，建立了全国统一的青年组织。《中国共产党章程》对共青团的政治规定性决定了共青团既不同于一般性青年组织或青年社团，也不同于工会、妇联、科协、残联等人民群众团体。在中国现有的青年工作格局下，政府没有设立青年工作专门部门，共青团组织实际上承担了政府青年事务部的某些职能。共青团组织和完全意义上的“草根”社会组织亦有所差别，负责人乃至工作人员多为公务员，运营成本也均为财政开支。由于接受同级党委的领导，并被赋予了相应的行政级别，共青团组织与政府职能部门之间存在良好的互动关系，拥有其他社会组织难以企及的政治资源。

在青年工作体系中，共青团具有健全的组织网络、高素质的团干部队伍、成熟的运营机制，而且有较强的大局意识和组织纪律性，在凝聚、联系、引领青年社会组织参与社会建设中具有独特的优势，可以起到“龙头”作用。郑长忠提出，从中国共产党创建中国共青团这一外围组织的目的，以及在社会整合中中国共青团所承担的任务来看，中国共青团的根本职能之一，是通过团结和整合青年来为中国共产党完成不同的历史使命奠定社会基础。[①]《共青团中央改革方案》明确要求共青团“更加注重直接服务普通青年，努力打造直接联系服务青少年的阵地依托，推动团的各级领导机关组织实施直接面向青年的重点服务项目，开设直接面向青年的活动场所，适应青年的作息特点合理安排工作时间，提升服务能力”。[②]

经过40多年改革开放的艰辛探索，中国特色社会主义市场经济制度和模式业已成型成熟。随着中国社会经济的发展，改革力度相对薄弱的管理模式和“叠床架屋”的行政架构在一定程度上滞后于时代的发展。党的十八大以来，以习近平同志为核心的党中央高度重视国家治理体系和治理能力现代化建设，中国共产党的执政能力和执政水平显著提高，原有单纯靠行政推动的管理模式正在向群策群力的综合治理模式转变，各治理主体的能动性和积极性得到极大发挥。共青团是共产党领导的先进青年的群众组织，是党和政府联系青年的桥梁和纽带，同样是国家治理体系中不可或缺的一环。在党的领导下，共青团参与国家治理的路径经历了由单纯行政化动员向行政与社会并举的转变，清晰地折射出中国青年工作不断科学化、现代化的演进过程。

一 计划经济时代的行政化动员管理职能

新中国成立以后，由于政府没有设置专门的青年事务机构，团组织自然而然地担负起部分管理和教化职能，共青团是党的思想政治工作在青年群体中的手臂延伸。在计划经济时代，共青团组织架构完善，工作

① 郑长忠：《关系空间变迁的政治逻辑——中国共青团90年组织形态发展研究》，《中国青年研究》2012年第5期，第5~11页。

② 《中办印发〈共青团中央改革方案〉》，人民网，http：//dangjian. people. com. cn/n1/2016/0803/c117092-28608057. html。

手臂延伸到基层，填充了几乎所有的经济社会空间。在“全民单位化”的社会结构中，这种“全覆盖”对青年的组织和动员能力空前强大，集中体现在三个方面：一是在思想教育上，共青团承担了大量的青年思想引导工作，成为各个单位组织青年学习共产主义理论著作和领导人重要讲话，开展青年思想政治工作的重要渠道；二是在典型模范树立上，共青团评选了一大批青年榜样和优秀的社会主义建设者，并组织巡回宣讲，引来团员青年争相学习；三是在生产动员上，共青团成为发动青年投身社会主义建设的重要力量，一些厂矿企业和基建部门开始重点培养青年先进班组，建立青年突击队。1955 年 9 月，毛泽东同志在《中国农村的社会主义高潮》一书中，为《中山县新平乡第九农业生产合作社的青年突击队》一文撰写“四最”按语：“青年是整个社会力量中的一部分最积极最有生气的力量。他们最肯学习，最少保守思想，在社会主义时代尤其是这样。”[①] 依托于分条分块的完善行政架构和边界清晰的社会结构，共青团开展青年工作、参与社会管理主要通过行政化动员方式，带有深刻的时代印记。

二　随改革深入而不断加强的社会服务职能

在中国改革开放纵深推进的大背景下，自上而下、高度控制的计划体制逐渐放开，经济社会活力得到释放，原本几近单维的评价和发展标准被悄然改写，经济社会参与主体逐渐多样化，大部分青年群体在新兴领域里实现了个人价值。在社会主义市场经济环境下做好青年工作，是共青团履行基本职能的一大挑战。除了夯实政治引领的基本职能外，共青团还不断加强自身为青年提供公共服务的能力和水平。

党的十八大报告明确指出，要改进政府提供公共服务的方式，加强基层社会管理和服务体系建设，增强城乡社区服务功能，强化企事业单

---

① 《历任中共最高领导人寄语：时代的责任赋予青年（组图）》，中国共产党新闻网，http：//dangshi. people. com. cn/n/2015/0504/c85037-26942347. html。

位、人民团体在社会管理和服务中的职责，引导社会组织健康有序发展，充分发挥群众参与社会管理的基础作用。在实践过程中，各地政府探索将一部分与群团组织相关的公益性社会公共事务组织管理职能，以委托授权的方式，由群团组织协调社会力量负责此项公共事务的社会化运作发展。因此，让政府的直接行政行为从社会事务中适度收缩，推动基层群众自治机制的建立与完善，群团组织起着重要作用，承担了关键的联结功能。

三　新时代共青团参与国家治理现代化的路径

中国特色社会主义进入新时代，对党的执政能力建设提出了新的要求。党的十九届四中全会强调，要“构建系统完备、科学规范、运行有效的制度体系，加强系统治理、依法治理、综合治理、源头治理，把我国制度优势更好转化为国家治理效能”。青年工作自上而下的制度化、系统化，充分激发了治理各方主体的动力和活力，是提升党的执政水平，加强党对青年工作的领导，提升国家治理现代化水平的题中之义，也是中国特色社会主义制度优越性在青年工作中的重要表现。

2017 年，中共中央、国务院印发了国家《规划》。为了贯彻落实中央精神，广东省委省政府于 2018 年配套出台了《广东中长期青年发展规划（2018—2025 年）》（以下简称广东《规划》）。它涉及 9 大领域 42 条具体措施，描绘出今后几年广东青年工作的蓝图。中长期青年发展规划的出台，是在各级党政层面对青年工作的再整合，将原本相对分散、归于各职能部门的青年工作予以综合统筹，将历年来形成的青年工作基础和经验在顶层设计上予以重构和发扬，明确将促进青年发展作为政府治理现代化的目标之一，释放了积极的政策信号。

从中长期青年发展规划的出台开始，共建共治共享的社会治理现代化取向得以进一步体现。从政策形成的主体看，社会治理参与主体并非仅仅局限于党委、人大和政府，而是延伸到更广泛的国家治理主体——

群团组织。共青团在牵头制定政策的过程中，可以体现更大的政策灵活性，发挥更直接的收集民意能力，尽量凝聚政策共识。从政策实施过程看，制度优势要转化为治理效能，主要在于要有一套运转科学的执行机制。在共青团组织的牵头下，纳入各职能部门的联席会议机制得以建立，从架构上推动了青年议题纳入党政正式工作日程，并按照治理目标和权责对等原则进行分工。从实施效果看，政策效果最终要通过考核评价来实现，建立一套合理的监测指标体系，将政策文本落实为合理的绩效评估标准，尤为重要。在国家层面及广东层面，相应监测指标体系的顺利建立，为接下来相关监测工作的推进提供了良好的基础。

第三节　青年社会组织的广泛参与

社会领域的“去行政化”与“自我管理”“自我服务”的社会体制改革导向是我国各项现代化事业建设的路径之一。规模不等、类型各异的民间社会组织纷纷萌发、成长。这是对以往政府在社会领域管理体制高度行政化的一种革新，也是在市场化进程中对政府社会事务投资的补充。

中国青少年研究中心做的一项关于青年社会组织的专项研究显示，剔除包括隶属于共青团或带有体制内色彩的青年社会组织和高校社团，真正由青年自发成立、自我管理、自主运作的青年社会组织，以体制外青年为绝对主力。[①] 在业已涉及的青少年工作领域中，社团类，即本质在于社会参与领域，由各类青年社会组织开展的活动，比较受青年的欢迎。

据广东省民间组织管理局统计，截至 2021 年 7 月，广东省依法登记的社会组织有 71908 家[②]，而没有通过登记注册获得“名分”的社会组

① 中国青少年研究中心课题组：《我国城市青年社会组织发展状况研究报告》，《青年学报》2014 年第 4 期，第 43 页。

② 《2021 年 7 月广东省社会组织统计数据》，https：//main. gdnpo. gov. cn/home/index/indexStatistics/2021-07-01。

织数量则远远超过这个数量，这些社会组织大多由青年发起创立或以青年为活动主体。这些青年社会组织基于开展公益活动、拓展交际网络、发展兴趣爱好的目的而自发成立、自主发展和自我运作，是广大青年实现社会参与的重要方式。

青年志愿服务组织是诸多领域社会组织中的重要类别。在志愿精神的指导下，青年志愿服务组织的成员不计报酬，无偿为其他社会成员提供服务。当代青年志愿组织发源于广东，兴盛于广东。1987 年，广州市开通了“中学生心声热线”，一批志愿人士牺牲自己的休息时间为青少年提供心理辅导。1990 年，深圳市建立了青少年义务工作者联合会，这是中国青年志愿服务活动的第一个正式组织。1995 年 3 月成立的广东省青年志愿者协会，组建了广东省青年志愿者科技扶贫服务总队、青少年帮导服务总队、医疗服务总队、希望工程助教服务总队 4 支省级专业服务总队，各市也相继成立了青年志愿者协会，广东省形成了由协会、服务站、服务队等构成的青年志愿服务组织体系。经过多年的发展，广东的青年志愿服务已经积累了较为丰富的经验，拥有了深厚的群众基础，在工作机构和实施力量上都有了一定的保障，初步形成了社会化的青年志愿服务机制。此外，广东还成立了全国第一个正式登记注册的志愿服务团体，通过了全国第一个关于志愿者的地方性法规。

一　青年社会组织的自发性与组织性

青年社会组织往往是自发成立、自主发展、自我运作、自我管理的，工作机制灵活，对所联系青年的需求能够较快回应。青年社会组织开展的活动形式新颖，可以满足青年的需求，因此参与人员的归属感强。青年社会组织能够为青年提供展示自我的平台，激发青年活力，帮助青年成长发展，实现公众参与。许多青年非常愿意花更多的时间和精力参与活动，有的甚至将私人财物、人脉资源等投入组织发展建设，对组织有强烈的认同感。

一方面，青年社会组织采用扁平化管理，存在诸多优势，组织内信息沟通顺畅。许多青年社会组织规模较小，人力资源有限，专职和兼职工作人员不得不从事一线工作，所以无论是组织的领导者还是普通志愿者，都会亲力亲为地下基层，参与公益活动。但青年社会组织对青年缺乏一定的约束力，参与活动往往具有随意性，一般除发起者和核心成员外，大多数成员都是不固定的，流动性大。

另一方面，多数青年社会组织的核心理念往往发端于领导者个人对某个社会领域的特殊关注和偏好。这种特殊关注和偏好是媒体传播内容、周围信息与组织领导者个人特质相结合而构建的产物。媒体将某个议题带入了人们的生活，形成了组织理念的基础。领导者敏锐地察觉到大众媒体在对社会进行描述的过程中对于报道方向的议程设置，将原本模糊或者宏大的主题实化、细化，形成公众易于接受的信念，提出明确的主张。因此，一些青年社会组织比较擅长新媒体运营，并发动所联系的青年参与，将自身主张上升为社会议题。青年社会组织也通过公共宣传，将自己的理念和文化传递到各社会阶层，从而维持组织的社会合法性，提高组织获取社会资源的能力。

二　青年社会组织的趣缘性与专业性

青年社会组织的形成，在一定程度上是由于部分青年具有相同的背景、经历、信念或兴趣爱好。组织成员之间的某种共同点和情感归属，是他们相聚组织、开展活动和维系群体的纽带。青年社会组织主要分布在兴趣互助类和公益类两大领域。其中兴趣类和互助类涵盖文化、旅游、娱乐、交友、体育等诸多方面，公益类则涵盖教育、环境、社会服务、慈善、维权等方面。

通常，创立初期的青年社会组织势单力薄，缺乏独立应对某个大主题的能力。这就要求青年社会组织在各种社会需求中寻求一个切入点。基于松散群体之上的初创型青年社会组织往往在沟通协调和任务安排中，需要运用较多组织资源。而对于发展到一定阶段的青年社会组织来说，寻求正式化和专业性是其提升行动能力的必然选择。因此，越来越多的青年社会组织将实现某种社会功能作为延续组织宗旨的重要路径，通过整合社会资源和承接政府购买服务进入专业性的社会服务领域。

三　青年社会组织的内部平等性与个人性

一方面，大多数青年社会组织成员之间都较为平等，没有行政命令，没有强行要求，青年社会组织在尊重成员意愿的基础上开展活动。青年社会组织，特别是青年社团和志愿服务组织的发起人或联络人往往是由成员共同推选的，仅仅是为了联系和协调，没有等级之分，没有长官意志，成员可以发表意见、展现才能，形成了平等民主的组织氛围。

另一方面，对于青年社会组织这种兼具经济驱动力和文化凝聚力的综合体来说，领导者的核心作用具有明显的示范作用，是绝大多数成员之间的纽带和组织行为的推动力。在一个组织中，领导者的影响力包括两种类型：权力型影响力和非权力型影响力。非权力型影响力，也称自然影响力，是指由于领导者个人的品德、才能、学识、专长等因素而对他人形成的影响力。在这种影响力的作用下，人们的心理和行为多表现为自愿自觉和积极主动。它比权力型影响力具有更大的影响。在青年社会组织中，非权力型影响力源于组织者的个人特质，包括感同身受的个人经历、专业性的服务能力和超乎常人的道德信仰。这就赋予了组织领导者构建组织凝聚力的权威。

四　青年社会组织的开放性与时空性

青年群体最大的特点是思想活跃、乐于交流，除了具有一定门槛的专业性服务组织之外，基于趣缘形成的青年社会组织大多数是向社会开放的，即对成员的进出流动设置了较低的门槛。组织活动方式也不受区域、空间、条件等的限制，欢迎来自各行各业的群体参加其所组织的活动，并希望以此扩大自身的影响。

从联络方式和动员机制看，青年社会组织具有鲜明的互联网特征。许多青年社会组织从成员的加入、管理、退出到活动的策划、组织、信息发布、效果反馈等，都是通过网络方式进行的。网络和手机移动终端技术的发展，为青年社会组织联系青年、参与和开展活动提供了方便。同时，网络的便捷性使社会组织快速扩大，实现了从线上联系到线下活动。在人力资源的招募上，与其他经济组织相比，社会组织的劣势显而易见，缺乏或少有物质激励。少数青年社会组织有相对比较完善的培训机制，能够帮助组织成员获得相关的培训，提升他们的专业服务能力和组织协调能力，但这些成熟的青年社会组织在整个群体中所占的比例非常小。

因此，招聘和培训常常被青年社会组织作为训练组织成员、令其内化组织价值观和理念的有效手段。在很多情况下，青年社会组织的受益者会转而成为组织成员。这些人通常是组织最坚定的支持者，在接受服务后，可以深刻了解该组织或者该组织的志愿者文化，对组织的目标和价值观具有强烈的认同感。

第四节　青年工作主体间的协同联动

经济体制转轨和社会结构转型带来的社会资源配置方式转变、社会管理方式变革、社会运行方式变化、社会组织格局变化给青年工作的工作条件、工作模式、动员方式、工作空间带来了新的挑战。首先，随着市场配置资源的作用日益突出，青年更多从市场中获取所需资源，共青团组织对团员青年的动员和约束力相应减弱。同时，在政府、市场和社会组织资源的供给体系中，共青团组织没有因固定、明确的职责而带来的资源保障，这对共青团组织服务青年发展工作形成挑战。其次，在市场经济条件下，社会成员从“单位人”变为“社会人”，带来了不同个体之间利益整合的需求，社会运行由以单一政府力量为主体向以市场、政府和社会组织协同转变。这一新的社会发展格局对共青团组织提出了挑战。再次，共青团组织的传统工作方式更多是自上而下的层级动员，科层制较为明显，运作方式容易行政化、机关化，社会化动员存在不足。最后，随着社会利益主体不断分化和多元化，人们基于共同利益和兴趣爱好形成的各类社会组织大量涌现，其中大部分以青年为主体或以青年为主要服务对象，在一定程度上与传统的青年工作形成了竞争与合作关系。

青年社会组织在民间和青年中的影响力日益显现，但发展中也存在不容忽视的困境。一是管理规范度不足。大部分青年社会组织内部管理松散，成员的流动性和随意性大，存在一定的管理漏洞。二是专业能力不强。部分青年社会组织成立时间短、规模小、服务覆盖人群狭窄、活动开展单一、经费不足难以吸引并留住专业人才等原因，缺乏竞争力，未能实现一定的社会功能。三是发展不平衡、层次不高。部分青年自组织没有完成登记注册，无法取得社团法人资格，导致在开展活动时名不正言不顺，难以得到社会的认可和支持，很难得到党政或共青团组织在政策、资金、项目等方面的扶持，自身发展受到严重制约。

随着我国社会急剧转型发展，青年群体基于利益格局不断分化，对高质量服务的需求与日俱增，所面临的问题也不断出现。这些问题，有些是属于传统的、无论是哪一代青年都要面临的普遍性问题，如就业发展、婚恋交友等，需要从顶层设计、政策制定等公共行政管理领域予以协调解决；有些是属于青少年个人生活的，带有浓厚的个性化色彩，如心理健康、素养提升等。后者在整个需求总量中占据的比重越来越大，需要采用“一对一”的群众工作方式予以帮助解决，有的甚至要通过长期的个案辅导才能看见成效。因此，在成熟、完善的青年工作框架中，各个主体都应当更好地发挥能动作用，以实现顺畅衔接和有机协调。

一 党委委托共青团开展青年工作

当前，如何让政府与社会各司其职、各尽其能是许多政治家和研究者共同关注的问题。许多研究都认为，政府与社会之间应该进行优势互补，实现资源最大限度、最高效率的整合与使用，从而实现社会的良性运行与协调发展，营造稳定有序的社会环境。党的十九届四中全会提出必须加强和创新社会治理，完善党委领导、政府负责、民主协商、社会协同、公众参与、法治保障、科技支撑的社会治理体系，建设人人有责、人人尽责、人人享有的社会治理共同体。明确了党委在各级社会治理中的核心作用。因此，包括青年事务在内的各领域事务，在公共权力的实施、公共资源分配和社会运行的协调上，都离不开党委的把关定向。

1. 政治委托

2018 年 7 月 2 日，习近平总书记在同团中央新一届领导班子成员集体谈话时强调，共青团是党的助手和后备军，这体现了我们党对共青团的高度信任和殷切期望。团的所有工作，归结到一点，就是要当好这个助手和后备军。[①] 政治性是共青团第一位的属性。党对共青团的政治委托主要体现在三个方面：一是在对青年的政治评价上，共青团员不仅仅是一个社会身份和组织归属，更是一种政治面貌，是对青年政治身份最直接的反映，是共青团组织对青年的政治评价；二是在对青年的思想政治引领上，党委托共青团在广大青年中加强和改进理论武装工作，引导广大青年运用马克思主义立场、观点和方法观察分析问题，从而坚定正确的政治方向，增强道路自信、理论自信、制度自信、文化自信，坚定听党话、跟党走的人生追求；三是在对青年的人才吸纳上，中共中央组织部于 1995 年制定了《关于进一步加强在青年中发展党员工作的意见》，明确规定“要重视吸收团干部中的优秀分子入党。要继续坚持 28

① 《习近平同团中央新一届领导班子成员集体谈话》，人民网，http://politics.people.com.cn/n1/2018/0702/c1024-30105943.html。

周岁以下青年入党一般应从团员中发展，和发展团员入党一般要经过'推优'的规定，真正使'推优'工作成为发展青年党员的主要渠道，使共青团员成为党组织发展青年党员的主要来源"。[①] 通过"推优入党"的制度性安排，共青团组织将共青团员中的先进分子向党举荐成为共产党员，助力建设一支充满生机和活力的党员队伍。

2. 法律委托

坚持党的领导是社会主义法治的根本要求，是做好立法工作的基本前提和根本保证。在现行的法律制定框架下，涉及青少年群体的法律法规都会听取共青团组织的意见。在部分有关青少年的专门法律法规的制定与实施上，共青团均被委托源头性、全链条参与。在国家层面，共青团中央牵头《未成年人保护法》《预防未成年人犯罪法》的起草工作。在省级层面，共青团广东省委负责起草《广东省青少年保护条例》，历时 3 年，多次易稿。1989 年 2 月 24 日，经广东省第七届人民代表大会常务委员会第六次会议审议通过，该条例后修订为《广东省未成年人保护条例》，并自 2009 年 1 月 1 日起施行。

通过正式立法渠道，共青团能将原有的工作实现法治化、规范化，志愿服务的立法工作就是很好的研究案例。由于广东的志愿者工作发展成熟，在 1997 年召开的广东省第三次立法工作会议上，共青团广东省委提出了提请广东省人大常委会在青年志愿服务方面立法的建议。得到广东省人大常委会的批复后，共青团广东省委于 1997 年 5 月成立了广东省青年志愿服务条例起草小组，着手条例的起草工作。1999 年 4 月 26 日，共青团广东省委正式将《关于提请审议〈广东省青年志愿服务条例〉的建议》及其建议稿和说明报送广东省人大常委会，在 1997 年 5 月 18 日召开的广东省九届人大常委会第十次会议上进行了第一次审议，在 7 月 29 日召开的广东省九届人大常委会第十一次会议上进行了

① 《中央组织部关于进一步加强在青年中发展党员工作的意见》，《党的文献》2013 年第 4 期，第 13~16 页。

第二次审议，并于8月5日正式通过。至此，历经3年多的努力，全国第一部志愿服务法规正式出台。

3. 政策委托

在计划经济时期，共青团凭借自身的政治优势和组织优势，带领青年团结一心、凝神聚力，积极投身社会主义现代化建设，取得了良好的效果。在社会主义市场经济时期，随着党执政能力的不断提升，社会领域多元治理的格局逐渐形成，广大青少年的发展需求日益增加，对共青团履行职能提出了相当大的挑战。共青团在社会治理多元格局中发挥了重要作用，既是党对团的明确要求，又是团组织适应社会发展的必然选择。

简政放权、激发社会活力，调动人民群众的创造力是近年来党委、政府一以贯之的理政思路，并制定了与之相配套的各项政策文件。党对共青团等群团组织在社会治理中的作用非常重视，明确了共青团组织发挥的功能——成为青年类社会组织和青少年事务的枢纽，并出台了配套的政策。

在参与社会建设的路径上，广东省委对广东共青团的要求非常明确：建设枢纽型组织工作体系。2011年中共广东省委、广东省人民政府出台了《关于加强社会建设的决定》及配套的7个文件，这是广东省创新社会建设的纲领。其中第15条明确提出“构建枢纽型社会组织工作体系，强化工青妇等群团组织的社会服务功能”，团结、联系、吸纳更多同类社会组织参与社会建设，从顶层设计上明确了共青团在社会建设上应扮演的角色。

2012年4月，中共广东省委办公厅、广东省人民政府办公厅转发的《省社工委关于构建枢纽型组织体系的意见》中，明确“各级党委、政府要在政策、资金上为工、青、妇等人民团体发挥枢纽作用提供必要支持，安排一定数额的财政资金作为人民团体的专项工作经费。财政部门在社会组织专项资金立项和确定政府购买服务项目时，应征求人民团体的意见”。从原则上规定了各级党委政府对共青团的财政、项目支持。

进入中国特色社会主义新时代，青年政策已不仅仅是在经济或社会领域“单打独斗”。青年群众对美好生活的向往，需要青年发展领域的整体性推动，编制和实施全领域的规划是题中之义。在中央、省、市、县四级青年规划实施工作中，共青团都起着牵头协调的重要作用，通过党的政策委托，牵头政策文件的论证、起草、发布和实施全过程。以广东省为例，共青团广东省委牵头广东《规划》的编制，在编制过程中与40多个厅、局进行多轮协商，最终在2018年12月底以广东省委、省政府的文件出台了广东《规划》，填补了广东省整体性青年政策的空白。

二　政府向青年社会组织购买服务

在计划经济体制下，各级政府承担了大量的社会服务职能，在制度架构和法律体系上很少有民间社会组织存在的空间，即便承担了一些沟通协作功能的民间社会组织，也与官方有着千丝万缕的联系。当市场经济在经济领域的有效性得到验证时，社会领域多元治理格局的形成逐渐成为共识。伴随着市场经济充分发育和社会领域的不断壮大，各级政府的执政理念在悄然发生变化。在公共事务治理领域，政府不再追求扮演唯一角色。在一些不该管也不应属于自己管的领域，特别是在社会服务上，政府也在适当“收缩”。从中空出来的“空白点”，被各类社会组织以开放、专业、灵活的姿态迅速填补。

近年来，在社会治理的整体框架与政策逐渐完善的背景下，包括青年社会组织在内的各个领域的社会组织均有较快发展。其中很多社会组织脱胎于兴趣爱好和自发性公益活动，通过“转型升级”，接受政府职能部门的委托和政府购买服务，承担具体的社会职能。

广东省政府购买服务工作经历了从无到有、从小到大、从零散被动购买到常态化、制度化购买的发展历程，取得了一定的成效。2008 年，中共广东省委办公厅、广东省人民政府办公厅印发了《关于发展和规范我省社会组织的意见》，要求“采取购买服务等方式重点扶持一批具有示范导向作用的公益服务性组织”，随后印发了《关于开展政府购买社会组织服务试点工作的意见》，在全省试行政府向社会组织购买服务。为进一步规范和推进政府向社会组织购买服务工作，在总结前期工作经验的基础上，2012 年广东省人民政府办公厅印发了《政府向社会组织购买服务暂行办法的通知》，广东省财政厅公布了《2012 年省级政府向社会组织购买服务目录（第一批）》，进一步明确了服务主体、服务范围、服务程序、经费保障机制等。随后，广东省财政厅印发了《关于政府向社会组织购买服务供应方竞争性评审的管理办法》，规范了竞争性评审相关工作的职责、程序、管理要求等。

政府购买服务打破了过去政府包揽一切社会服务的做法，将很多应该由市场和社会来提供的服务交由社会力量承接提供，实现了从单纯政府包办向政府生产与政府购买并重方向的转变。政府职能部门以竞争性购买或定向委托等方式，择优选择专门机构购买服务，降低了以往单纯依靠政府直接提供服务的行政成本，实现了从“养人”向“办事”的转变，在一定程度上减轻了政府财政支出负担，提高了财政资金的使用效率，增强了政府对基本公共服务的支持保障能力。在承接政府购买服务的过程中，很多青年社会组织直接参与市场竞争，修炼“内功”，有效激发了社会活力，提高了社会公众的参与能力。

如广州市海珠区的“青年地带”项目，是广州市海珠区政府向青年社会组织购买的区内青少年专项服务。2008 年，首批政府购买服务的仅有华洲街、赤岗街、海幢街、赤岗中学、绿翠中学 5 个站点，每年经费投入 200 万元。到 2018 年，海珠区共有 22 个站点，包括 9 个社区站和 13 个驻校站，阵地总面积超过 2000 平方米，每年财政投入增长至 750 万元，服务覆盖全区 18 个街道 6~30 岁青少年及其家庭。而且项目在全市得到推广，越秀区、天河区、白云区、番禺区等都采用了类似模式。2012 年，在共青团广东省委的推动下，广州青年志愿者服务队启智总队队长李森注册了启智社会工作服务中心。凭借此前丰富的服务经验，启智社会工作服务中心中标多个政府购买的服务项目。目前，在广州市天河区的石牌街道、前进街道和沙东街道，启智社会工作服务中心运营着三个家庭综合服务中心，它发起的敬老恤孤、关怀露宿者、探访重症患儿等多项服务都深受好评。

虽然广州、深圳、东莞等地在青少年事务购买服务上已经有较为成熟的探索，但在广东全省范围内，各地关于政府购买青年社会服务大多为原则性和指导性意见，缺乏针对性和操作性，具体实施的制度规定亟待补充和完善，工作基础需要进一步夯实。一方面，政府职能转变还不到位，一些地方的政府还没有形成相关的意识，不能足够重视青年社会服务工作，未将社会服务纳入公共财政预算，不能满足青年群众日益对社会服务高质量、精准和针对性的需求。另一方面，青年社会组织的专业性发展还不成熟，高素质的专业人才严重不足，使社会组织承接政府购买服务的能力不足。

三　共青团构建青年社会组织枢纽工作体系

构建青年社会组织枢纽工作体系是共青团深化改革的内在逻辑使然。一方面，共青团长期以来对行政动员路径的依赖，导致其工作对象主要是学校或单位体制内青年，面向的工作群体较为单一。另一方面，共青团在组织运作上主要依赖行政资源。这种以单位为中心的运作模式在市场经济快速发展的背景下大大限制了共青团扩展阵地。在体制设置中，共青团本身就是行政架构的一个组成部分，拥有自上而下的完备机构，而且通常在机构设置与具体运作过程中采用与党政机关相同的科层制模式，在人员配备与运行机制上采取“朝九晚五”的“机关化”工作时间与节奏。相对于普通的青年社会组织而言，共青团像是一个偏向于公营的机构，而非纯群众性的团体，所提供的也多为程序化、格式化的服务。但群众工作的路径与方法，更多应当填补青年的业余时间。在市场经济不断完善、青年多在“两新组织”聚集的大背景下，作为“准官方”机构的共青团如果仅是“吃老本”，将很难有大的作为，甚至面临着逐渐丧失青年阵地的危机。这种“阵地”危机在市场经济起步最早、发展最快的广东尤为突出。单位体制的弱化和新兴社会组织的出现对共青团的职能发挥提出了新的要求。城市化推进、网络社会兴起以及青年群体呈现的多样化价值、视野和观念都要求共青团改变工作方法。更为重要的是，由于党和团的特殊关系，共青团在青少年事务多元治理格局中发挥着枢纽作用，在政治上能够对整体工作给予足够的保障。

从 2012 年开始，广东共青团抓住省委省政府推动社会建设的契机，按照拉近与青年距离，在青年中树立威信、扩大影响力，发挥联系青年的桥梁纽带作用的基本原则，以构建枢纽型组织为主要目标，实施“好社会、亲青汇”青年社会组织培育发展计划，开展服务、引导青年社会组织有序发展的路径探索。“好社会”是广东省委省政府进行社会建设的目标指向，“亲青汇”是共青团省委打造枢纽型社会组织的统一行动。其中，“亲”既是当前青年人喜爱使用的网络语言体，又代表了团组织亲密地与青年在一起；“青”代表青年和青年组织；“汇”意指汇聚广大青年社会组织，引导青年社会组织参与社会自治，最大范围地团结联系社会领域青年，在青年社会组织中实现实质性组织存在、在关键时刻发挥实质性作用。广东共青团通过构建枢纽型组织，初步形成了通过“营造阵地”、“链接资源”和“规范治理”的服务来引导青年社会组织的三大路径。

（1）营造阵地

当代青年在现实生活中呈现原子化的工作生活状态，共青团要进入社会领域，“再组织”零散的青年群体，凝聚新兴的青年社会组织，打造新的工作阵地，进一步夯实青年工作的基础。其中，广东共青团组织一是升级团属老阵地，即转变原有团属组织的运作方式，并将其推向社会工作领域，打造成团结青年志愿者和社工组织的平台；二是创设团属新阵地，通过创设“亲青家园”青年社会组织孵化基地，在全省各地建立联系、服务和引领青年社会组织的新平台，使青年群体能够得到更加专业有效的服务，同时在“智慧团建”信息系统中加强对青年社会组织服务的云平台硬件支撑，搭建青年组织和青年数据库，推出基于社交网络和移动互联网技术探索构建全省青年社会组织的智能化网络和立体化阵地。这个平台同时整合共青团广东省委多个信息化项目，既通过电子地图形式直观呈现青年社会组织和青年个人的分布情况，也通过对数据的信息化分析，挖掘青年的兴趣爱好、人际交往情况、性格倾向等，使对青年社会组织及其成员的服务更加精准。

（2）链接资源

共青团服务、引导青年社会组织，其中重要的一个能力是有效整合社会资源。它是青年社会组织的“资源供给站”。广东共青团一是链接资金资源，首先筹集社会资金，按照现行的政府购买社会服务操作流程，群团组织用财政拨款向社会组织支付服务费用的，纳入政府购买服务范畴；二是链接人力资源，充分发挥共青团掌握青年志愿者这一规模庞大的人力资源的优势，在构建枢纽型组织的实践过程中注重整合人才资源，探索社工组织、志愿者组织、社工与志愿者联动协作的模式。

（3）规范治理

共青团营造阵地和链接资源，归根到底就是让青年社会组织更好地提供社会服务，从而构建完善党领导下的青年工作体系，这就对共青团加强对青年社会组织引导的服务能力提出了更高、更新的要求。对此，广东共青团一是抓示范强业务，通过编写和提供开展青年社会组织服务工作的案例和指导，向省内各级共青团组织传达政策信息，并树立工作质量的标杆；二是加强服务，利用自身的政治优势和组织优势，邀请党政部门和高校学者向在行业内具有一定影响力的青年社会组织提供公益服务，充分挖掘团属阵地，向青年社会组织提供全领域、全链条的培育孵化服务，搭建青年社会组织之间信息共享、业务对接的平台；三是强化政治引领，着力推进青年社会组织党建带团建工作，在与共青团产生协同联动的基础上，推动具备条件的青年社会组织建立党团组织，将有较大影响力的青年社会组织负责人吸纳为兼职团干部或推荐为青联委员，在政治和组织上将其纳入体系。

案例：2016年12月，由共青团广东省委指导、共青团广州市委承办的广东公益志愿文化节暨志愿服务广州交流会在太古仓广州志愿者公园开幕。活动期间，60个入围项目进行集中签约，获得广州市羊城志愿服务基金会1万元经费资助，并正式进入跟踪培育阶段，通过第三方机构的综合评估后，最终将从中评选出一批适合在全市推广的志愿服务项目，每个项目由专门的基金会再给予8万元的资助经费，从根本上帮助解决好项目的持续性问题。专门邀请公益慈善界专家和实务人才，旨在提升志愿服务专业水平的“南方公益大讲堂”，迄今也进行了33期，并从省会广州走向了粤东粤西粤北地区。在一些地市，为了加强志愿服务的专业性，许多团队在共青团组织的联系和统筹下，和当地的社工机构开展合作，探索形成了成熟完善的“社工+志愿者”合作机制。

四　青年工作主体间协同存在的困境

当今青年事务的问题已经远远超出了经济问题，涉及社会民生等多个方面。理想的协同关系为：在党委的领导下，政府部门发挥主责职能，共青团居中统筹协调担任“桥梁”和“纽带”，既为青年社会组织链接政府及社会资源，又将收集青年社会组织和青年群体的诉求，向党委政府反映。但在实践过程中，各主体之间的互动沟通距离理想的协同关系仍有较大的差距。

（一）青年还未能以一个整体纳入政策视野

为党巩固执政的青年基础，是共青团赖以生存的政治合法性所在。而满足一定的社会需求，有效承担协助政府管理青年事务，则是共青团得以发展的社会合法性所在。通过梳理政府现有的职能框架，我们不难看出，在原有界定的政府职能范围中，各级政府并未单独将青年事务列出，而是归总到各条职能战线中。在有些青年存在需求的领域，政府职能覆盖存在缺位现象，服务领域处于空白。加之行政资源有限，政府部门在选择覆盖的青年群体时，具有一定的选择性与偏向性。只有那些关系整个社会秩序的维护、涉及大部分青年利益的事务才能被纳入政府管理的青年事务的范畴。因而行政政策的变动与革新，远远落后于青年群体的发展，而青年的多样化、精细化，具有一定趋向性的诉求，往往很难得到及时的回应。

（二）政府职能部门缺少对共青团的转移授权

虽然已经明确了在政策、资金上为共青团等人民团体发挥枢纽型作用提供必要支持，提出“各级政府向社会购买工青妇等人民团体有关的社会服务时，尽量委托工青妇等人民团体组织实施”，但在原则性规定下缺乏明确共青团承接地位的配套文件。多数地区仍然没有出台政府购买服务意见和相应的配套政策。共青团组织在政府购买服务中的定位和协助政府管理青年事务的职责依然没有得到明确。当前各级部门资源向青年事务倾斜的力度不够。在广东各地政府购买服务的“资金总盘子”中，青年事务的购买服务项目资金普遍偏少，部分地区甚至一年内都没有实现过青年事务项目的有效投放。

因此，很多基层团组织只能依靠“化缘式”找资源、找合作项目等方式筹集社会资源，以维持开展当前的青年服务项目，难以有效地凝聚引导青年社会组织服务青年群体，而且对青年社会组织的支持仍然以浅层化、运动式的培训方式为主，统筹相关职能部门的资源不够，没有给予青年社会组织更大程度的支持和重视，存在“需要就找、用时才管、用完就了”的困境。

（三）共青团整合青年社会资源的能力亟须增强

共青团的资源和人力不足，是各项工作难以成功落地的阻碍和短板。共青团广东省委于 2016 年开展的一项调研统计，有 47.32%的团干部认为直接联系青年最大的困难是“资源有限，难以解决青年利益诉求”；分别有 31.22%和 31.95%的受访者认为，“青年高度分散流动，难联系”和“缺少活动阵地和设施”是基层团组织开展工作面临的主要困难；在剖析团组织对青年覆盖薄弱的原因时，分别有 36.59%和 34.63%的受访者认为“人手短缺”和“资源较少”这两大因素较为明显。一个县级团委 2~3 名工作人员要服务本辖区内十余万甚至更多的青年群众，是很普遍的现象。①

在活动中维持与青年的联系是当前各级共青团组织采用的普遍方法和主要途径。相较于社工组织采用的个案工作方法而言，这种强调“场面”和“运动”、忽视长效与个案的工作方法和路径在群众工作中取得的效果，当然有一定的不足。即便遵循既有路径和思路的工作方式，在遇到青年群体的变化时，也会出现“运转不灵”的情况，甚至会起到反向作用。一些历史悠久的团属品牌活动，在形式和内容创新上出现了瓶颈，动员青年的效能呈现递减的趋势。

当前，针对广大青年的就业创业、成长成才、身心健康、文娱康乐、婚恋交友等日益增长的多样化需求，很多共青团组织提供的服务产品受众少、总量小、水平低、样式贫、改进慢，在专业性、广泛性、延续性

① 此处数据来源于共青团广东省委专项课题组调研报告。

上与日益发达的市场企业和专业组织有较大差距。基层共青团提供活动服务产品与青年需求之间的矛盾，严重影响了团组织的吸引力和影响力。

（四）青年社会组织承接服务的能力有待提升

本应承担更多直接服务青年群众的社会组织发展仍不完善、不平衡。即便相对于前期青年社会组织在覆盖范围、服务能力上都有所提升，但社会参与的广泛性和普遍性依然不够，所能供给的服务与公众需求之间还存在较大差距。很多专业领域的服务在组织资质、人员配置等方面有一定的门槛。青年社会组织提供的社会服务相对较少且相对单一。根据共青团广东省委于 2016 年开展的一项调研统计，青年社会组织有 70%的项目都是社区综合类服务项目，大多针对居家养老、家庭纠纷调解等内容，开展成熟的青少年项目比较少。运作成熟的青少年服务项目大多集中于志愿服务和社区驿站等，对弱势青少年群体、重点青少年群体缺乏更富针对性的项目和措施。共青团能够有效凝聚的青年社会组织以舞蹈协会等兴趣爱好型、青年企业家协会等联谊型和高校社团为主，大部分都不同程度地存在专业化水平不高、治理结构不完善、专业人才队伍匮乏等问题。有 53.9%的志愿服务组织每年开展的活动次数在 20 次以下，50 次以上的仅占 25.7%。而组织活动开展的平均持续时间多为半个月以下，占 80.8%；持续了一年的仅占 6.4%。大部分志愿服务组织以青年甚至在校学生为主体。①

青年社会组织区域发展不平衡的问题日益突出。政府购买服务的力度存在差异。珠三角地区的青年社会组织发展迅速且相对活跃，专业化和职业化程度相对较高；粤东粤西粤北地区的青年社会组织尚处于萌芽阶段；一些基层地区基本上没有青年社会组织承接政府购买服务，有的则依靠其他政府购买的服务项目维持生存，兼顾共青团等交办的服务青年发展任务，这不利于青年工作的专业性和持续性开展。

---

① 此处数据来源于共青团广东省委专项课题组调研报告。

第二章　扩散与转型：青年发展规划制定的理论逻辑

公共权力本是基于处理公共事务的需要产生的，并为公共社会服务的，即行使公共职能。① 由于中国疆域广大，情况千差万别，各个地方处于不同的经济发展阶段，存在明显的经济社会发展差异，在走向治理现代化的进程中也呈现出不同的模式与路径。

政策创新是政策制定主体为适应外部环境或政策对象需求的发展变化，对原有政策体系进行重构，或在维持整体政策体系的基础上，对实施原则、政策目标、政策对象、政策适用范围等做出一定幅度的调整，从而实现政策效果的精准度与实用性提升。“政策扩散”一词，在行政管理学中被用来描述政策创新在不同的行政主体之间流动的过程。特别是某些被证明行之有效的做法，通过“政策扩散”的方式，成为另一个地域成功实践的先导。在中国这样的超大规模国家中，不同层级的政府、不同的政府部门在公共福利与服务上承担着决策、投入、执行和监督等不同的责任。②

国家《规划》是对青年工作的总体设计。按照全国推动青年工作落实的总体安排，各省份都要出台各自的规划，有条件的地市鼓励出

① 徐勇：《GOVERNANCE：治理的阐释》，《政治学研究》1997 年第 1 期，第 63~67 页。

② 岳经纶、王春晓：《三明医改经验何以得到全国性推广？基于政策创新扩散的研究》，《广东社会科学》2017 年第 5 期，第 186~197 页。

台规划。在实施机制上，共青团中央牵头成立了中长期青年发展规划部际联席会议机制，也明确规定了各省份要建立从国家、省、市和县四级青年工作联席会议机制。可以说2017年是中国青年工作系统性政策化的元年。作为执政党联系青年群众的政治性组织，共青团被赋予了中长期青年发展规划推动者的角色。囿于政策推动者群团组织的特殊属性和长期以来开展群众工作的路径习惯，诸如青年发展规划的综合性青年政策，抑或是由共青团组织牵头的专项领域的青年政策，在政策架构和实施实践上存在和其他党政部门或条块战线相异的特质。在融合政策执行主体上，青年政策具有制约性和开放性相统一的特点，它不仅需要跨行政部门的协同，更是对行政资源和社会资源的吸纳与再整合。

对于制定中长期青年发展规划的意义，很多学者已经从不同的方面进行了详细阐述。在中长期青年发展规划的产生上，张良驯从多源流理论的视域出发，认为青年发展的问题溪流、执政党意志的政治溪流和青年发展政策实践建议的政策溪流，通过共青团深化改革联结起来，开启了青年发展规划的政策之窗。[①] 林楠从青年政策制定的“供给侧”改革视角出发，论述了基于理论和实践相融合的团青新型智库建设的有效动能。[②] 谢素军基于优化的信息空间理论，探讨了青年政策转移中的“学习周期”。[③] 谢碧霞从国家及各省份青年发展规划的文本出发，指出青年政策在传导过程中呈现的特征。[④]

---

① 张良驯：《多源流理论视域下青年发展规划的政策议程研究》，《中国青年研究》2017年第9期，第5~11页。

② 林楠：《团青新型智库参与青年政策制定的路径探析》，《岭南学刊》2019年第2期，第87~91页。

③ 谢素军：《青年政策转移：基于优化的信息空间理论探讨》，《当代青年研究》2020年第4期，第96~102页。

④ 谢碧霞：《青年发展规划的政策传导及其影响因素研究——以省级青年发展规划文本为分析对象》，《中国青年社会科学》2020年第3期，第1~11页。

第一节　政策创新的纵向扩散研究取向

中共中央、国务院于 2017 年 6 月印发了国家《规划》。国家《规划》在组织实施中明确规定省、市两级团委同样要根据实际情况，出台本级的青年发展规划。截至 2020 年底，省级已经实现规划政策文件出台的全覆盖，很多地市乃至区县亦出台了本级的青年发展规划。在这项具有开创性的青年工作中，共青团组织扮演了政策创新推动者的重要角色。在青年政策创新过程中，政策理念是如何自上而下进行传导，同时结合各层级的实际进行调整的，本节拟从“政策扩散”的理论视角尝试探讨。

政策扩散是实现政策创新的有效方式之一。通过政策扩散，元政策理念或具体实践能在不同地域或不同层级的政策主体之间相互流动。某些被证明行之有效的做法，通过扩散成为另一个地域避免试错与成功实践的先导。

政策扩散主要强调政策革新中的沟通交流，重点在于政策扩散的条件与传播路径。① 从政策扩散的路径看，一是横轴扩散，指政策主体根据所辖地域的经济社会发展形势，对同级行政单位的有效政策进行仿拟或移植，从而减少政策在从无到有的探索过程中所带来的风险；二是纵轴扩散，指国家政策层提出来的元政策面向全域的各个阶层、各个群体，多呈现出原则性和宏观性的特征。政策制定主体根据本地实际情况进行增加、调整或变更。在政策扩散的过程中，横轴扩散和纵轴扩散在不同程度上相互融合、相互作用，形塑着政策的框架。

以往针对政策扩散的研究多集中于横轴扩散，即将政策扩散的始端和终端界定为行政平等关系，扩散的动因来自决策层的远见和自主选

---

① 邓剑伟、田慧琳、李欣雅、杨添安：《政策移植、政策扩散与政策创新的比较研究》，《中国公共政策评论》2016 年第 2 期，第 132~148 页。

择。而将纵向的政策传达多视为“执行”，仅仅是元政策细化或实现手段的明确。然而在政策的执行实践中，自上而下的纵轴扩散也应当被纳入政策扩散的研究范畴。

首先，中国政策执行具有高效统一的特征和优势，通过从中央到地方的严密组织体系，能够实现较小程度的政策效能衰减。但因为我国国土幅员辽阔和经济基础不一，区域发展不均衡的现象仍然比较突出，省级区域乃至省内区域的发展程度都有较大差异，需要根据当地的实际情况，在政策总体框架内进行调整，从而使政策有效落地。有的专项政策，在顶层设计上以鼓励性的倡导为主，所呈现的政策文本多为原则性的计划和宏观目标，具体措施需要地方进行再创新或予以细化。其次，从政策制定的主体看，基于人民当家做主的制度内涵和党的群团工作的具体要求，中国各领域政策制定的牵头者、推动者和参与者范围十分广泛。政策的出口并非仅仅局限于其他国家资本主义制度下的议会、政府乃至游说团体。在实行社会主义制度的中国，除了各级党委、人大和政府是当然的政策制定者外，在关乎特定群体的利益时，政策的推动还可以延伸到广义的社会治理主体——群团组织。

在一些观点看来，虽然群团工作和社会工作都属于策略层面的实务体系，有相同的要素结构和类似的功能作用，[①] 但在政治理念和实践中，群团组织除了承担政策咨询与建议协商的职能之外，还直接参与政策制定的流程，成为推动政策创新的主体之一。而且由群团组织深度参与的政策，跟其主责主业直接关联，聚焦于特定群体，不再是狭义上的社会福利措施，而是遵循了群众工作的内在逻辑和机理，承担思想引导和向社会宣传倡导的功能，具有更大的政策弹性和创新余量。因此，从青年发展政策自上而下的传导与创新的逻辑与路径来研究政策创新的纵轴扩散路径，是一个比较好的切入口和着力点。

---

① 顾东辉：《群团工作与社会工作的同构异涵》，《社会工作与管理》2018 年第 4 期，第 5~11 页。

第一，由于职能定位，大多数群团组织并未实现总体人群或人生经历的全覆盖，而是将服务对象聚焦于社会中的某一特定群体。例如，工会引领服务工人群体，妇联引领服务妇女群体，残联引领服务残疾人群体。而共青团的主要构成和工作服务对象都是青年。青年政策的效力范围可覆盖符合所界定年龄的全部人群，跨越了几乎每个中国公民都必须经过的人生阶段。

第二，青年发展政策是横跨政治、经济、社会福利等多个领域政策的集合。中国共产党能不能赢得作为最具有革命性与发展性的社会力量的青年，成为革命能不能取得成功以及能不能赢得未来的重要条件之一。[①] 中国共产党将青年培养为社会主义的合格建设者和接班人，对青年的政治意识引领和思想道德修养有较高的要求，价值观教育和引导贯穿青年成长的全过程。习近平总书记强调，青少年要扣好人生的第一粒扣子[②]，显示出对青年思想引导工作的高度重视。

第三，在中国共产党的领导下，群团组织开展群众工作的历史悠久，在"面对面""点对点"的工作模式中积累了丰富的社会动员经验。虽然同样被纳入行政机构管理的体系之中，工作人员参照公务员管理，具有一定的行政级别，但群团组织的上下级之间主要是协管与被协管、指导与被指导的关系。上级对下级的工作任务部署，除了部分原则性的硬指标外，亦有相当数量的倡导性的政策要素，使下级对政策要素的创新或微调更具灵活性。

中国在现有的国家治理体系之内，并没有专门负责青年事务的政府机构。作为中国共产党的青年群众组织，共青团被赋予了引导和服务的职能，并被划归于党委序列，是党联系青年的桥梁纽带，具有鲜明的政治特性和政治、组织优势。与政府职能部门相比，共青团组织的工作方

① 郑长忠：《中国青年发展的政治逻辑——党管青年原则与中国青年发展的关系研究》，《青年学报》2017 年第 4 期，第 54~58 页。

② 《习近平勉励青年：人生的扣子从一开始就要扣好》，中国共产党新闻网，http：//cpc.people.com.cn/xuexi/n1/2018/0514/c385474-29985628.html。

式和动员方式都比较灵活，与各类社会主体都有紧密的联系，能与团结凝聚起来的青年类社会组织协同合作，在一定的时间跨度内有针对性地对青年开展长期性、跟踪性的项目。

共青团以同级党委主管、上级团委协管的“双重管理”模式，为下一级组织因地制宜推动政策创新创造了更大的弹性空间。更重要的是，作为党的助手和后备军，共青团坚持以党的旗帜为旗帜、以党的方向为方向、以党的意志为意志，具有政治上和组织上的高度可靠性，被认为具有“半官方”的色彩，在一定程度上契合了青年工作“行政代理”的范畴和内涵。[①]

这种“行政代理”作用，并不是体现在具体的行政职能和行为上，而是体现在政策倡导和议程协调上。中国的青年组织是以党团青年组织为核心的青年组织体系，共青团组织可通过宣传、督促等手段配合青年政策的执行。[②] 在诸多协调议事机构中，凡是涉及青年的工作，均将共青团纳入联席会议机制或协调议事机构中。在有的以青年为主要工作对象的协调议事机构中，共青团甚至承担了牵头人的角色，被赋予了议程设置的职能，通过与其他行政职能部门协调，进行青年政策的跟踪与督导，保障青年政策的落地。

第二节　青年政策升级和创新的内生动力

相较于其他群体，青年群体具有更大的可变动性，更易受宏观环境的影响，群体分化而需求易变。因此，青年政策的出台要经过科学严密的论证，效用要具有一定的延续性，能满足一段时间内青年群体的稳定需求，但也会出现与青年发展不相适应的情况。不过政策是最具有刚性

① 谢素军：《社会治理视角：共青团组织职能解构研究述评》，《青年学报》2017 年第 4 期，第 67~73 页。

② 吴庆：《国家青年发展规划执行过程中的青年因素分析》，《青年探索》2017 年第 4 期，第 21~27 页。

的，对青年事务治理各方都具有最大的约束力。共青团在政策倡导与创新扩散背后的逻辑是，青年工作是从“动员化”向“制度化”不断螺旋上升推进的过程。

一　驱动层：青年工作的动员化工作模式

动员化是共青团长久以来占比较大的工作模式。这里谈到的青年工作的动员化工作模式，即通过青年群众工作的动员，将从事本职或者其他职业的团员和青年群体凝聚起来，以短期化、高密度的人力资源聚集，达到思想的集中和规模化组织动员协同的效果，从而实现较为宏观的工作目标。动员化的工作模式对行政层级具有较强的依赖性。共青团通过从中央到乡镇乃至社区的完善组织架构，采用上传下达的行政方式，可以最便捷有效地产生动员效力，实现最大规模的声势。因此，长期以来，特别是计划经济时期，共青团的青年工作主要以动员化工作模式为主，沿着业已完善的行政架构逐级部署。这种工作模式和理念影响深远。时至今日，动员化的工作模式仍是许多共青团组织开展青年工作的习惯和路径依赖。

动员化的工作模式，虽然能起到强力推进、扩大工作规模、实现短期效应的作用，但其成效严重依赖于行政层级和边界对青年的约束，深深地嵌入组织对个人的管理体系之中。在计划经济时期的“单位制”模式下，青年群体在工作、学习和生活上都与其所在的单位产生紧密的资源联结。而承担青年思想和动员主业的单位——共青团组织，对青年的个人评价则在其事业发展中具有较大的权重。

随着市场经济的不断发展，各类生产要素重新优化、分配，大部分青年群体的生产生活和职业评价都抽离了共青团的政治评价体系。因此，共青团通过行政力量动员青年的能力呈现边际递减的趋势，动员化的工作模式已经式微。原来极强的约束刚性随着思想文化发展和青年需求的多样化而不断消解。青年工作的动员化工作模式衍生出来的“重过程轻效果评估”“重人数规模轻精细质量”的“粗放式”管理方式，也在一定程度上给共青团工作的社会评价带来负面影响。

二　吸纳层：青年工作的项目化工作模式

相对于动员化的工作模式而言，以项目为载体推进青年工作，在时长和延续性上有了更大的优势。特别是在国家经济社会建设取得较大突破的宏观背景下，青年的基本物质需求满足已经不是普遍性问题，而更高水平的物质需求和精神层面的需求则被纳入青年工作的议事日程。精神需求满足固有的长期性、陪伴性和浸润性，决定了原有的活动化工作模式难以应对。

随着社会治理体系的深化改革，青年社会组织如雨后春笋般出现。因为其职业化和专业性的服务，在一定程度上与共青团的部分社会服务职能重叠，在青年社会组织进入公众视野的初期，共青团和青年工作的研究者都将如何处理共青团与青年社会组织之间的关系作为研究的重点之一。有的学者用“法团主义”这一理论视角来理解国家依托群团组织联系社会组织的治理模式。[①] 有的学者认为青年社会组织在与政府、共青团的互动中，逐渐成为共青团发挥党和政府与青年之间桥梁纽带作用的一个中介变量。[②] 在实践中，广东共青团构建的枢纽型组织体系，在社会功能和工作目标上将青年社会组织的架构分层分类。

项目化工作模式秉持着将青年工作当作恒常性群众工作的固有思路。它是青年工作社会化的有效途径，也是整合共青团和社会组织资源的“聚合剂”，而且能在社会服务上实现青年工作覆盖面的最大化。在项目化工作模式的整体框架下，共青团作为青年工作的牵头主体，将党政资源与社会资源进行充分整合。比如已经形成口碑的“希望工程”

---

① 张荆红、丁宇：《互依联盟何以可能？——中国枢纽型社会组织与国家之关系及其改革走向》，《北京师范大学学报》（社会科学版）2018 年第 6 期，第 131~140 页。

② 朱峰、单耀军、张艳芬：《基于整体生态建构的新时代青年社会组织政策发展创新观察》，《当代青年研究》2018 年第 5 期，第 106~112 页。

“志愿者服务”等，既有财政资金持续性投入，也向社会募集大量善款。

共青团承接政府职能转移的实现渠道有多种。根据财政资金，有的地区将共青团视为政府购买服务的委托方，即将要实施的项目纳入财政预算中，面向社会统一招标购买。而有的地方则将共青团作为中间方，将原隶属于其他职能部门的资金交由共青团向社会组织购买服务。由于均衡协调发展的项目设计初衷和资源供给方的意愿，项目化工作模式主要着眼于青年中的弱势群体，而不是将青年群体这一整体作为工作对象。该种取向的青年工作所遵循的仍是传统的福利思维，旨在解决青年群体面临的困境和问题，而青年工作中所应蕴含的整体性、全面性视野则未完全彰显。

三　保障层：青年工作的政策化

相对于动员化工作模式和项目化工作模式来说，将青年工作以政策的形式予以明确，是对青年工作的有效保障。党政部门出台的关于青年及青年工作的《意见》《决定》、共青团内的文件等，都是青年政策的表现形式。[①] 政策化能使青年工作由活动或项目实现升华，通过“政策纳入”将青年议题融入党政部门的议程安排，在制度、架构和资源供给上明确了青年工作的长期性与稳定性。在政策化的逻辑体系中，更为重要的是在党政常态化工作安排中体现青年元素，将青年议题由单一的共青团工作上升为横跨职能部门的综合性议题，实现青年优先发展理念的树立与传达，同时对抽象的青年工作进行操作化，以形成对党政职能部门最大的约束力。

政策化的第一类是立法。其他群团组织，如工会服务的对象是工人群体，有《中华人民共和国工会法》作为保障；妇联服务的对象是妇

① 谭毅：《〈中长期青年发展规划（2016—2025年）〉的政策学解读》，《中国青年研究》2017年第9期，第12~25页。

女儿童，有《中华人民共和国妇女儿童权益保护法》作为保障等。两个群团组织的工作对象和各自适用法律的群体边界基本重合。而共青团的主要工作对象则纵跨 14~35 岁，包含青春期、择业期和初步成熟期。现有跟青少年相关的法律，即一般统称的“两法两条例”（国家层面的《未成年人保护法》、《预防未成年人犯罪法》以及省一级的实施条例），仅仅聚焦于 14~18 岁的青少年，其对象占青年工作的比例较小。更多青年被视为各项普通法和特别法的适用对象，与其他各年龄阶段的成年公民并无差别。然而，18 岁以上的青年，同样具有较大的可变性、可塑性和不稳定性，与少年时期相比，在社会融入上的要求更高。而现有的法律架构并未体现对这一群体的特殊关注。

政策化的第二类是党内文件。作为党的工作的重要部分，党中央和各级党委都十分重视青年工作，出台过各类各个层级关于青年工作的综合性文件，如中央办公厅于 1991 年转发的《共青团中央关于加强青年工作的意见》等。[①] 此外，党中央还出台过“党建带团建”“共青团深化改革”“加强少先队工作”等重要政策文件。党内政策偏重于对共青团青年工作的支持，但在具体青年福利政策方面则较少涉及。

政策化的第三类是行政部门条例。一些与青年工作相关的部门会根据形势的变化在各自的领域推出一些专项的、非长期性的青年工作政策和措施。如新冠肺炎疫情不仅对全球经济和社会带来了极大影响，对青年就业也造成了极大冲击。中央组织部、人力资源和社会保障部、教育部、科技部、民政部、财政部、共青团中央等多部委和人民团体联合出台了促进高校毕业生就业的政策，在就业渠道、就业方式和就业流程上给予支持。[②]

① 《中共中央办公厅关于转发〈共青团中央关于加强青年工作的意见〉的通知》，中国共青团网，http：//www. ccyl. org. cn/695/gqt_tuanshi/gqt_ghlc/his_wx/his_wx_1990_2002/200704/t20070420_20757. htm。

② 《中共中央组织部 人力资源社会保障部 教育部 科技部 民政部 财政部 共青团中央关于实施高校毕业生就业创业推进行动的通知》，中华人民共和国人力资源和社会保障部，http：//www. mohrss. gov. cn/SYrlzyhshbzb/jiuye/zcwj/202009/t20200910_385375. html。

四　青年工作三个层面的相互结合与转化

国家层级的《规划》是由党中央、国务院发文，而省级规划则由省委省政府发文，实现了作为政策文件所能达成的最高级别，填补了青年工作的综合性政策空白。各级中长期青年发展规划均明确提出，要成立推动落实政策文件的青年工作联席会议机制。截至目前，各省份基本已实现县级以上联席会议机制的全覆盖，政策体系和配套的机制正在落实，青年工作的保障水平不断提高。

基于青年工作的开放性和灵活性，青年政策的制定始终秉持多种主体参与的社会治理创新理念，国家《规划》提出“党委加强领导，政府、群团组织、社会等各方面协同施策，共同营造有利于青年发展的良好环境”。许多省市的规划也明确要求形成“党委领导、政府主责、共青团协调、各方齐抓共管青年发展事务”的机制。

因此，在贯彻落实青年政策的过程中，除了通过行政手段之外，亦需要借助吸纳层的项目化工作模式，对政治、经济和社会资源予以再整合。因为青年政策的概念化滞后，难以在有效的时间内传达给青年①，而对于中期或者短期的青年工作，项目化工作模式具有更强的灵活性，不仅无须经过复杂精密的立法或行政程序，而且可以根据青年的动态和发展状态及时进行调整。倡议性政策语言的细化，需要全面调动社会参与青年工作的积极性，并从中形成青年优先发展的共同意识。驱动层、吸纳层与保障层是青年工作从浅层化、临时性走向科学化、常态化的必要路径，也是青年工作演进的内在需求。需要强调的是，这三个层级描述的都是理想的类型，并不是区隔分明的。某一阶段、某一领域的青年工作可能是多种类型的集合。

青年政策的自上而下，并非是简单地传达与执行，而是充分体现了政

① 谢素军：《社会治理视角：共青团组织职能解构研究述评》，《当代青年研究》2020年第4期，第96~102页。

策现有机制下的创新。一方面，作为青年政策主要推动者的共青团，要不断适应时代对青年工作的更高要求，扬弃效能日渐降低的动员化工作模式。沿袭驱动层中的有益之处，并使其常态化，成为对社会动能和资源整合程度较高的吸纳层，直至再从中筛选出能有效解决青年问题和回应青年需求的，使其上升成为青年政策，即构成正式纳入党政议事日程的保障层，这是各级共青团推动青年工作纵向创新的客观基础和深层逻辑。另一方面，深深嵌入中国制度的青年政策不仅将青年这一政策客体视为福利措施施加的对象，而且将其当作推动社会发展的能动主体。在兼顾具体的福利措施的同时，青年发展规划更为重要的功能是对青年思想的引领和青年优先发展理念的社会传导。加上青年群体本身所特有的变动性和对宏观环境的敏感性，青年政策文本语言在顶层设计上需要更大的政策创新余量，也需要将倡导性的政策语言通过具体项目来承载，以更好地实现政策制定的初衷。在青年政策的创新架构中，显著区别于对纵向权力关系的“集权”与“分权”争论①，下一层级青年政策的制定主体具有较大的自主空间，可以遵循政治性、适地性、适度性和前瞻性四大创新导向，在总体框架内将政策文本调整为更适合本地域的具象表达。

第三节　青年政策创新的障碍性因素

元政策对次一级政策制定主体创新的驱动力，有着较为明显的差异。有些政策得以顺畅推进，而有些政策的推行则面临较大的困难，不同的政策有不同的生命力。衡量政策生命力和执行力的维度有很多。比如，该项政策是否符合实际情况、是否具备执行和操作的条件，政策执行人在执行过程中是否能获得与其付出相匹配的收益，等等。在实践过程中，并不缺乏因缺乏执行土壤而夭折的政策。

---

① 陈科霖：《纵向府际关系视域下的中国国家治理研究：进路与比较》，《甘肃行政学院学报》2018年第5期，第67~80页。

我们尝试用两个维度分析政策自上而下创新的障碍性因素：政治意义和内在驱动。所谓政策的政治意义，是指在富有中国特色的国情之中，强大的政治意义赋予是政策得以有效推进的重要前提，它保证了顶层意志自上而下得到贯彻。而所谓政策的内在驱动，则是指基层落实政策所能带来的收益，既包括地方主政者的个人激励，还包括在政策创新中地方能获得的整体利益。这两个因素的叠加，使不同的政策执行存在差异化的广度与力度。

当政策因被赋予了重大的政治意义而带给政策创新或执行主体足够强的内在驱动时，该项政策就能得到较为坚决的贯彻落实，政策效果能较大程度地满足其制定目标。比如在脱贫攻坚工作上，以习近平同志为核心的党中央的坚强领导，保障了各层政策的整体性下移。作为政策创新和执行主体的地方政府，既深刻感知到政治传导的压力，又可以在经济的整体发展中获得利益，因而具有较大的创新主动性。在各种积极因素的作用下，中国创造了世界减贫的历史奇迹。当一项政策政治意义较低但具有较强的内在驱动时，地方政府往往具有较大的创新兴趣，但也成为政策试错集中出现的爆发点，如广受社会关注、能使地方获得较大收益、屡屡放开但又迅速收回的“隔夜住房限购”政策，等等。[①] 当一项政策的政治意义和内在驱动处于“双低”状态时，地方政府在政策落实过程中所获得的收益较小，该项政策就很有可能因被视为“纸面政策”而搁置（见表 3-1）。

表 3-1　政策创新的政治意义和内在驱动的关系

	政治意义大	政治意义小
内在驱动强	合法性政策	驱动性政策
内在驱动弱	灵活性政策	搁置性政策

① 《开封住建局撤销“取消限售令”：未进行充分调研论证》，新华网，http://www.xinhuanet.com/fortune/2019-07/21/c_1124778405.htm。

对于青年政策来说，中长期青年发展规划起步便已经具备了较大的政治意义。国家《规划》是习近平总书记明确要求“要落实好”[①] 的青年政策，是从顶层高位推动的重大工程。一些地方的人口增长速度较慢甚至人口处于净流出状态，青年人口的减少已经严重影响该地区的可持续发展，加之主政者对青年发展有前瞻性的认识，因此对青年政策有迫切的需求，青年政策就能成为推动各项青年工作的“硬性依据”。但在其他部分地区，作为刚刚启动的政策体系，青年发展规划的框架还不成熟，政策效用惯性需要长时间才能观察得到，难以在短时期内为地方政府提供社会经济增长的动力，因此政府很可能采取将其“灵活化”处理的方式，其容易在该地区成为“灵活性”软性政策。

目前青年发展规划在实施过程中仍然存在以下问题：一是一些职能部门对青年工作在党的政治建设和国家长治久安的重大战略意义的理解上还存在偏差和知行不一的情况，认为不宜在政策制定中突出或强调青年工作，不愿意为青年工作投入更多资源；二是联席会议常态化沟通协调机制还有待加强完善，各级青年工作联席会议机制虽然已经实现全覆盖，但并未完全运转起来，有些地方在建立了青年工作联席会议机制之后就将其“搁置”，青年工作齐抓共管的工作局面还不稳固；三是青年群体对青年发展规划的获得感不足，青年发展规划的宣传力度不大，项目举措落实不到位，青年体验到规划带来的红利不够多，因此，青年政策的效能就打了折扣。

---

① 《习近平同团中央新一届领导班子成员集体谈话》，人民网，http：//politics. people. com. cn/n1/2018/0702/c1024-30105943. html。

第三章　需求与动力：在青年发展规划制定中的青年发现*

青年有影响历史进程的重要作用，其正向或负向作用有赖于青年政策的积极引导。制定统一、协调、适度的青年政策是解决青年生存和发展问题、激发青年活力、维护社会稳定和可持续发展的重要社会命题和政治命题。如何实现本地区青年政策与经济社会发展有机衔接，将青年政策嵌入成熟的政策体系中；如何妥善处理青年问题，回应青年诉求，是一个地区在制定青年政策过程中需要反复思考的问题。

当前，随着经济体制变革的不断深化、社会结构和利益格局的不断调整，以及人们的思想观念日益多元化，特别是非公有制经济组织的大量涌现，青年的价值观念、利益诉求、生活方式、行为方式、交流方式及聚集方式等群体性规律正在发生着深刻的变化。大部分青年身处变动的宏观背景下，职业选择多样、组织形式多元，青年自组织不断兴起。随着互联网信息技术的发展，微博、微信或其他新型社交媒体成为青年日常生活的标配，网络直播、短视频等自媒体平台日渐风靡。传统的青年工作方式和联系青年的途径都受到了极大挑战，对青年的有效影响力、吸引力逐渐减弱。

每代人的成长路径均与社会结构相互影响。青年的发展状况作为人

---

* 广东省青少年事业研究与发展中心副主任杨扬，研究员廖根深，助理研究员凌小娟，实习研究员黄丽萍、郑金铃，对本章写作亦有贡献。

类发展的组成部分，发展水平受经济社会发展水平的影响。广东以其雄厚的经济实力及对青年群体的优惠政策集聚了全国各类青年英才在广东就业、创业、定居。而广东则具有外来青年人口多、地域发展不平衡、敢闯敢试敢为人先等特点，发展变革也比较快。

广东是改革开放的前沿阵地，不仅是经济大省，而且是青年大省；不仅本地人口的自然增长率位居全国前列，而且长期以来是人口的净流入地。2019 年，广东常住人口总量 11521 万人，较 2018 年增加 175 万人，连续五年增量超百万人，位列全国第一。人口净流入 82.61 万人，位居全国第二。[①] 一方面，相对活跃的市场经济、完备的法治体系和先进的社会治理水平，使广东成为广大青年人生事业发展的首选。另一方面，长年稳增的劳动人口给广东带来较大的青年人口红利，让青年成为广东各项事业发展的增长引擎。在二者的良性互动下，广东与青年群体实现了共同成长。

在中国改革开放以来高速发展的语境下，广东由简单的“三来一补”（来料加工、来样加工、来件装配和补偿贸易）的世界工厂向高质量发展、科技强省转型。一方面，原本经济发展就比较迅速的珠江三角洲地区，通过招商引资建起高楼和工厂，在快速城镇化的过程中改变面貌。而在从传统农业社会向现代工业社会转型的过程中，本地农村青年由世世代代的农民转变为仅具有户籍意义标识的农业户口的“农二代”，这体现的不仅仅是代际更迭，而是一种思维方式和生活习惯的全新突破。另一方面，广东是人口流动大省，2020 年有超过 80 万的高校应届毕业生到广东求职，成为城市新移民。

但总体来看，广东省内的发展极不均衡。富饶的珠江三角洲地区是中国最发达、变化最快的区域之一，其区域生产总值占全省的 80%，经济增长速度、现代化进程、生活方式更新全国瞩目、世界关注。2019

① 张静：《2019 年人口净流入省份揭晓：浙江居首 广东第二》，中国网，http://finance.china.com.cn/news/20200426/5259541.shtml。

年，广东省地区生产总值为107671.07亿元，其中广州市地区生产总值为23628.60亿元，深圳市地区生产总值为26927.09亿元，二者的地区生产总值之和约占广东省地区生产总值的46.9%。而其他地区的人均地区生产总值则处于全国平均水平之下。不同地区青年发展水平的差异对青年政策实施的水平、范围和规模提出了更高要求。

广东是全国东西部地区青年发展状况分布的缩影。庞大的青年人口数量，加上珠江三角洲地区和粤东粤西粤北地区存在的客观经济社会发展差距，广东呈现为容纳广州、深圳两个超级大城市，众多发达二、三线城市和欠发达城市所组成的地域综合体，在特大城市典型的“空巢青年”和欠发达地区的“留守青少年”等纵跨多种经济发展阶段的青年问题都需要予以帮助解决。近年来，社会聚焦的青年研究话题，如欠发达地区的青年教育资源分布不均、城乡之间青年的流动性大和特大城市青年的生存状态等都能在广东找到复杂、多元的样本。为了解广东青年的思想动态和发展状况，共青团广东省委制定了《广东共青团常态化调查研究及报告青少年思想动态与发展状况工作实施办法（暂行）》，要求各级共青团组织定期开展调查研究。本章的数据即来源于不同时期针对不同青年群体开展的多项调研课题。此外，论证过程还结合了在制定广东《规划》期间通过“广东共青团”微信公众号收集的1.5万条青年网民的留言，生动地呈现了广东青年群体的直接诉求。

第一节　青年的思想价值观和亚文化的形成

从小学到大学成体系的思想政治教育对青年价值观的形成产生了较好的影响效果，即便身处改革开放的前沿阵地，面对多元文化思潮的交流和交锋，广东青年依然能够树立正确的价值观：对中国共产党有朴素的感情和较高的支持度，对中国特色社会主义制度高度拥护，并对如何践行社会主义核心价值观有清醒的认识。这为在实施中长期青年发展规划中贯彻“党管青年”原则奠定了扎实的群众基础。为更加科学和精准地评估描述广东青年的价值观，2019 年广东省青少年事业研究与发展中心牵头成立了专项课题组，开展了有关青年的调研工作，试图了解广东青年的思想特点，掌握广东青年的思想动态。

一　广东青年对中国当前的政治制度有强烈的认同感

广东青年对坚持中国共产党的领导高度认同，有 93.8%的受访青年认同中国特色社会主义制度的最大优势是坚持中国共产党的领导，92.8%的受访青年对社会主义核心价值观表示认同，97.3%的受访青年认为当前学校开展思想政治教育，培养正确的世界观、价值观和人生观很有必要，充分显示了中国共产党的执政方略和治国成效得到了广大青年的认可。广东青年在政治思想上表现出对中国共产党领导下科学执政、民主执政和依法执政的认同，对党的十八大以来的反腐败高压态势、社会治理水平提升、经济高速发展有切身感受。当被问及“当前中国发展最让你感到自豪的是什么”时，近六成青年选择了“和谐稳定的社会秩序”。

在投身社会主义现代化建设、充分发挥青年自身的能动性上，广东青年亦有高度的自觉性和积极性，能将个人的人生目标与国家和民族的发展融合起来。超过 90.0%的受访青年赞同“青年一代要努力成为社会主义建设者和接班人”。近九成受访青年对实现中华民族伟大复兴的中国梦这一宏伟蓝图持积极态度，高度认同其团结、凝聚、激励中华儿女的积极作用，并愿意为之努力奋斗。有 90.1%的受访青年明确反对“影响国家和集体荣誉、形象”的行为。有 84.2%的受访青年表示“如果出现国家分裂，我将挺身而出，维护国家统一”，青年在大是大非面前的爱国主义立场鲜明，如在对中美贸易摩擦、美国主导中兴和华为等事件的看法和认识上，有 80.3%的受访青年表示“极度反感”，认为“暴露出美国为了国家利益使用霸权主义的本来面目”“违反国际道义，应当谴责”。这充分说明广东青年具有强烈的爱国主义意识，具有坚定的基本政治立场，在民族大义面前能够明辨是非。

二　广东青年对思想价值观的实践教育更加认同

当代广东青年成长于经济社会高速发展时期，是改革开放的受益者，在思维方式上具有与广东地域相适应的内核，更加注重务实和实践，更加重视在工作、生活和学习中践行社会主义核心价值观。当被问及“培育践行社会主义核心价值观最有效的方式是什么”时，有 74.6%的受访青年选择“做好本职工作，学生好好学习，职业青年岗位奉献”，有 59.6%的受访青年选择“参加志愿服务”，有 45.2%的受访青年选择“深入社会基层了解国情省情民情”。这充分反映了广东青年能够深刻认识到社会主义核心价值观所蕴含的时代性和实践性，它并不是架空于当前时代的全新理念，而是与社会中的每个群体、每个领域都息息相关的，是跨越时空优秀价值观念的集萃。即每个人都在工作和生活中兢兢业业地付出，秉持爱国诚心和良善品德，就是践行社会主义核心价值观的有效方式。他们乐于在实践中培育践行社会主义核心价值观，更加强调知行合一。

> 网络留言 1：作为一个中学生，我希望多与社会接触。我们被家长和老师保护得太好了，只能通过新闻了解社会。我们眼中的社会就是新闻上那样，我觉得或许会存在片面性。希望可以让我们自己去感受这个社会，多组织一些活动。

社会主义核心价值观是和中华文化紧密相连的价值精髓，植根于这片肥沃的文化土壤中，因此具有鲜明的中华民族优秀传统文化的特征。伴随着文化自信的建立与进一步增强，传统文化元素或符号与青年潮流文创相结合，具有更加旺盛的生命力和传播力。从调查中可以清楚地看到，受访青年普遍认同社会主义核心价值观的贯彻应当加强与优秀传统文化的深度契合的观点。有 63.2%的受访青年将“学习优秀传统文化”作为培育践行社会主义核心价值观的有效方式，认为中华优秀传统文化应该成为涵养社会主义核心价值观的重要源泉。

网络留言 2：我们青年的世界观、人生观和价值观还处于塑造成形中。此时，外界的文化、文字、图像和声音，都会对我们产生影响。有许多人看到一个太极图、一句经典文言文就会不自禁地想起中华优秀传统文化，不自禁地产生自豪感。希望防范潜移默化的文化入侵，堂堂正正地将自己国家的文化融入每个人的生活中。

在思想引导方式上，原来卓有成效的传统工作方式在青年群体中的影响已逐渐式微，而组织观看“主旋律影视文学作品”和“先进人物报告”这两类以往常用的思想引导方式，对青年思想塑造的效果则更差，分别只有 17.6%和 15.4%的受访青年选择这两个选项。这在很大程度上反映了偏教化而忽略互动、偏自上而下的灌输而缺少平等对话、侧重于内容制造和单向灌输的思想引导模式难以引起青年共鸣，符合青年要求水准、制作精良的优秀主旋律影视作品虽然越来越多，但仍以“现象级”为主，在总体上还有一定的提升空间。即便在思想政治教育的主渠道上，也有 48.3%的受访青年认为自己所接受的思想政治课“简单说教，和现实脱节”。

网络留言 3：在教育宣传上，应该以青年喜闻乐见的形式开展活动，传统方式已经不能满足青年需求。在这个快餐文化时代，可以利用网络工具，用漫画、真实事例、答题等形式宣传，然后再进一步引导青年深入了解更多知识，这样逐步引导青年群体形成正确的价值观。

参加志愿服务是践行社会主义核心价值观的有效路径。广东的志愿服务起步早、基础好、发展蓬勃，经多年培育，青年普遍积极热心参与志愿服务。调研结果显示，青年最倾向于参加的志愿服务类型是“到贫困乡村去支教支农支医、关爱留守儿童”，占受访总数的57.0%，反映了精准脱贫攻坚工作在青年中引发强烈共鸣，青年普遍希望到扶贫一线参与志愿服务、历练成长。有52.1%的受访青年希望“就近在社区服务身边有需要的人”，反映青年对运用闲暇时间、就近就便灵活参与志愿服务提出了需求。此外，有51.6%的受访青年希望“参与紧急救援、医疗救助、法律援助、心理咨询、乡村规划等可以发挥专长的志愿服务”，反映了青年不满足于参加一般的志愿服务，对细化志愿服务类型、参与更加专业化的志愿服务提出了要求。

网络留言4：我觉得学校和社会都应该积极开展更多公益志愿服务活动，同时鼓励和加强对这类活动的规范和引导。每个人都与社会紧密联系在一起，不可分割。我们应当在合适的时间多融入社会，为社会做贡献，以使浮躁的社会氛围得到缓解。

三　青年亚文化的正面效应和负面效应

每个人对文化都有不同的理解，都善于将主流文化转化为自己所认同的形式。当代青年不缺乏在公众面前展示才艺的勇气。而信息社会和互联网的高速发展，则为当代青年创造了展示才艺的平台。“80后”青年伴随着“现象级”娱乐选秀节目的兴起，打造了“一夜成名”的产业链。“90后”青年见证的后工业时代，互联网高速发展，使个性化成为另一种可能。“00后”青年际遇的信息化时代，互联网技术迭代升级，催动新的亚文化不断分野。

当代青年所形成的亚文化，是“自下而上”的构建过程，而非

“自上而下”的界定过程。在构建过程中，青年亚文化的表现力和冲击力都充满了强烈的个人主义色彩。青年亚文化是游离于主流社会价值观之外，以青年的视角观察和解释政治社会经济生活，进而形成影响青年价值观的文化现象。一些青年亚文化有其积极的一面，能宣泄缓解群体焦虑，形成群体认同，而消极的一面则是对社会主流文化和社会主义核心价值观产生了冲击、消解甚至颠覆的后果。

青年在青春期对社会主流文化有“天然的叛逆”，表现为对权威的怀疑、对情绪表达的热衷乃至对现有社会秩序的抗争。青年亚文化可能以搞笑、无厘头、反讽等非常规的手段来解构阐述经济社会乃至时政事件。青年使用互联网等技术或平台创造符像的能力越来越强，青年网络文化行为和活动越来越能轻易泛化为社会性的文化事件，成为影响青年的价值观与为人处世态度的方式。青年亚文化群体对主流话语的自嘲式对抗，一方面折射出当代各阶层青年生存压力加剧和社会群体不断纵向分化的现实，另一方面其过度渲染传播影响遮蔽了青年对经济社会发展进步现实的客观判断，甚至对现实做出消解乃至误读。一些衍生于青年亚文化的行为不辨是非，已经超出了单纯的文化元素范畴。

> 网络留言5：小县城里有很多青年人开着“鬼火”（改造摩托车），抽着烟，打着群架，老师、家长拿他们没有任何办法。这些小群体严重影响了那些想要考到大城市，想要努力改变现状的优秀青年们，影响了他们的心智、成长、健康甚至安全。这也许是许多年轻父母无论如何都要让孩子在大都市里生活的原因。

负面的青年亚文化有可能助长青年的“群体性颓废”与“集体无意识”。主流价值观的传播方式和话语体系难以有效抵达，加上某些消极亚文化的过度盛行，容易使涉世未深的青少年陷入迷失，甚至“无意识”地把亚文化内容当作主流文化。某些“颓废文化”的影响逐渐扩大，成为一部分青年自认的身份标签，对青年产生了一定的消极避世的心理暗示。调研结果显示，在了解“宅”和“佛系”的概念前提下，有64.4%的受访青年对“佛系”文化表示认同或理解，认为它是源于对现实不满但又无可奈何的自我调侃，对追求结果的无所谓；有55.4%的受访青年对“宅”文化表示认同或理解，认为“宅”只是因沉迷于一种比较小众的东西或者文化产品而表现得不那么乐于交际罢了。但我们也应该看到，一方面，在青年群体的认知中，“佛系”文化有部分积极的元素，强调在努力的同时，要有与人为善、知足常乐、和谐平和的心态，在引导时应予以区别对待。另一方面，某些青年亚文化的泛滥，有可能变成一种偏执，形成与主流价值观相背离的集体行动。如在“饭圈”（明星粉丝圈子）的影响下，一些青少年做出有组织地操控对明星的评论（一般是在社交新媒体渠道）、侵犯明星隐私等过度的追星行为，甚至形成组织严密的追星团体。

当今时代，市场在迎合青年的这种个性化自我表现的需求。在网络上兴起的各类直播网站，鼓励青年做自己的脱口秀，以各种形式吸引关注。值得注意的是，“草根”文化容易陷入“群氓”的陷阱中。由于彼此分割，青年缺乏理性的思考，种种负面的现象可能会出现。

个性化是青年亚文化极为重要的特征。它既是青年亚文化的内在动因，又是青年亚文化发展的必然结果。与以往单纯的模仿相比，对文化内容或载体的创新将越来越受到重视，青年的创新能力也会在这个过程中得到提升。青年最少保守思想，具有很强的个性化张力，只要有一定的文化制度空间允许他们去创新发展，并加以理性和有序的引导，就会出现社会“年轻化”、文化“青年化”的局面。与此同时，由青年人向老年人传递知识和信息的“文化反哺”成为一种趋势。青年亚文化在这种状态下形成了对传统文化的批判，树立了新的批判精神、独立意识和开放心态。

青年处于最具有活力的阶段，他们富有较强的独立自主性和创新能力。此时如果再用一种“家长制”的思维方式去影响青年，试图用自上而下的宣传手段去动员青年，或者生搬硬套青年群体中时兴的“网络词汇”，则很难实现中长期青年发展规划的目标，甚至可能造成两种青年思潮各行其是、各说其话的局面，从而出现大众媒体和草根言论两种“舆论场”相背离的结果。

增加优秀主流文化产品供给是青年在文化上的迫切要求。许多青年认为，当优秀的主流文化不能充分满足自己的业余生活需求时，一些负面的文化因素就会“野蛮生长”。青年能接触到的主流文化阵地渠道缺乏，面向青年、花费较少的文化场所稀缺，社区文化阵地建设滞后于时代要求，吸引力不强。有44.7%的受访青年认为丰富文化生活应该“多拍摄青年题材、反映国家发展大势的电影、电视剧”，分别有42.2%和39.1%的受访青年认为应“多提供互联网主流文化产品”和“多举办文艺演出”。一些拍摄用心、制作精良、弘扬主旋律的影视作品的主流受众仍以青年为主，青年对高质量主旋律文化产品的需求越来越迫切。

四　加强青年思想道德建设的可行路径

在改革开放语境中，当代中国青年群体受到各种思潮的影响。在传统思想与现代思想的拉锯中，青年的行为模式出现矛盾、难以令人理解的现象。一方面，要清楚地认识到当今青年的生存状态、思维习惯和行为模式是多种因素相互作用的结果。处于发展和趋于成熟阶段的青年，叛逆需要释放，独立性空前加强，在经济稳定的基础下，思想被卷入世界性的后现代思潮之中，并与其相互建构，成为其中的一个有机组成部分。同时应当看到，我们正处于改革深化和社会结构变动期，青年的思想是复杂、变化、多样的。它提倡创新、不墨守成规，特别适应新兴经济体的发展，尤其是在当下提倡大众创业、万众创新的宏观背景下，结合信息产业的发展，可以形成创新产业源源不断的内生动力。

另一方面，首先要对当下青年所处的宏观社会环境做出一定的解析，明确当前影响青年的各种思潮所引起的效应，深入研究现象背后的逻辑，明晰青年行动背后的推动力，从而对症下药，进行恰当的“纠偏”。其次要将青年的行为放置于特定的社会发展阶段中去分析，总结符合这一群体的客观规律和发展诉求，特别是经济发展、活力释放、创新提倡和公平公正的要求，并将其纳入各项政策实施的原动力中，使社会制度和青年发展实现共同进步。

历史悠久的“集体主义”传统和“强单位制”下结构严密的熟人社会对青年群体的作用潜移默化，数十年的经济改革和信息技术一日千里，给青年群体带来的“文化震撼”远胜于从前，青年群体极易出现无所适从的情况。我们应当遵循社会主义市场经济的发展规律，在青年群体中建立与传播相应的社会秩序与社会观念。

加强社会教育。为塑造社会的有机团结，要增强青年对国家、民族和社会的归属感，特别是培养和提高青年适应社会生活的能力。

加强对青年红色革命传统、社会主义建设成就的教育，通过实地参观、切身体验等方式，亲身感受党领导下的中国特色社会主义发展成果，引导其认识到个人的成就需要放置于社会经济发展的整体趋势中来考量，教育其树立通过奉献社会来实现个人事业发展的正确观念。

此外，要实现良性的青年文化互动，就要充分尊重青年的主体性、发展性和创造性。一是明确青年创造的底线与规则。明令禁止那些有损于国家利益、民族传统、公序良俗的网络营销行为，并依照宪法和法律的规定，处理相关违法案例。二是将加强青年社会思潮引导纳入主流传播渠道。推动主流文化对青年文化中的草根成分形成容纳关系，充分发动青年的创造性，引领青年成为文化创造的主体。鼓励青年用自己的语言，说自己的故事。三是对社会思潮的引导和文化产品的创作不能脱离社会实际，要以满足青年的文化需求作为根本出发点之一，引导青年多创造反映社会现实、推动社会进步、发掘社会美好、弘扬社会良善的优秀作品。

第二节　互联网影响下青年世界的虚拟和现实

在信息时代，网络被称为继报纸、广播、电视之后的“第四媒体”。而随着网络技术的不断完善和发展，我国已经成为网络新媒体应用大国。中国互联网络信息中心在 2021 年 2 月发布的《第 47 次中国互联网络发展状况统计报告》显示，截至 2020 年 12 月，我国网民规模为 9.89 亿人，互联网普及率达 70.4%，较 2020 年 3 月提升 5.9 个百分点，其中手机网民占比 99.7%。[①] 这意味着互联网在人们日常生活中的延伸进一步下沉，用户对互联网的黏性进一步增强。青年在日常工作和生活中对新媒体的依赖日益增强，工作越来越便利，获取知识和信息也越来越便捷。在这种趋势下，青年所处的信息环境也越来越复杂，更容易对青年思想的形成和塑造产生影响。

信息产业的飞速发展和互联网技术的日新月异形塑着当代青年群体。在传统媒体时代，青年规律的转化还较为基础地遵循着代际变迁。而在新媒体时代，青年的代际特征逐渐模糊，不同年龄阶段的青年之间的区隔越来越小。在新媒体的影响下，青年多元化发展的趋势远超从前，同辈群体间的区隔越来越大，呈现一种彼此之间区隔化的生活状态。

当代青年是网络原住民，日常信息来源以互联网为主，他们身上带着深深的互联网的烙印。互联网不但影响其学习和生活，而且随着网络技术和网络治理模式的发展，互联网新媒体成为青年接收信息的重要渠

① 《第 47 次中国互联网络发展状况统计报告》（全文），中央网信办，http：//www.cac.gov.cn/2021-02/03/c_1613923423079314.htm。

道，因此加强网络治理、营造清朗的网络空间显得尤为迫切。互联网治理是培育引领社会主义核心价值观亟须改进的问题。

一　互联网封闭传播带来观点极化效应

媒介是人和社会关系的延伸。媒体通过传播精心策划与排演的盛大场景，达到形塑集体记忆、凝聚社会共识的“电子纪念碑”功效。因此，当代青年集体记忆的形成，绝大部分时间沿着新媒体发展的轨迹。新媒体传播完全以个人为中心，提供点对点的信息传播服务，每个人都可以用一个私有的、可信赖的传播载体，以非线性互动方式实现“所有人”向“所有人”传播。使用新媒体的每个受众，都能决定自己想看到什么，可以看到什么，或者可以屏蔽什么。

> 网络留言6：对于互联网要加强规范，不仅是因为网络暴力，更是因为网络上的一些不实事例。现今互联网对青年的影响很大，如朋友圈、微博等。一点不实的消息都可能会被放大，也许有好处，但更多的时候，不实的消息会让人感到迷茫，也会导致人们的盲目跟风，对社会造成一定的影响。

信息资源的传播从单向度、整体化、全面性演变为多维互动、碎片化、图像化。一方面，青年的社交范围越来越广，从以往的亲缘、业缘扩展到趣缘、网缘。关系的建立超越了地域，甚至国界。另一方面，青年之间交往的深度越来越浅、越来越区隔化。作为“传者”和“受众”双重身份的他们，丰富的信息源构成封闭的人际关系模式，推动人格个性化。①

当代青年接受媒体的传播是“由着自己的性子”。青年只选择自己

① 蔡泽峰、杨扬：《新媒体与当代青少年的区隔化生活》，《广东青年职业学院学报》2016年第1期，第23~27页。

感兴趣的信息，而摒弃某些实质上有帮助的信息。网络社交遵循同样的逻辑，具有同样爱好和特征的人群彼此聚集和交换信息，形成了一个一个的小圈子，这些小圈子就是网络社会的基本结构。

小众传播的趋势和格局形成后，传媒宣传和教化的力量被摊薄，各种次文化价值观浮出水面并日渐兴盛。多元观点下的社会动员趋向于杂乱无章。网络意见领袖的动员能力都可能远远超过大部分基层政权组织。对政治等严肃话题的不关注，使青年对治理机构的运转模式极度缺乏认识，在动员过程中，他们很难具有理性的思考能力。尤其是网络环境下信息传播的匿名性和虚拟性，让这种非理性行为变得更为普遍。

在互联网的舆论环境所存在的极化效应中，更多的青年群体成为“沉默的大多数”，而在涉及重新划分利益格局的青年政策中，积极发言的青年群体在舆论格局中往往占据比较优势的地位。在青年政策出台的过程中，他们会有更大的影响力，而众多的弱势群体则在政策传统中处于弱势地位。当我们在讨论信息技术、互联网以及新媒体对当代“90后”“00后”青年的影响时，他们自身早已将其作为一种生活习惯。购物、娱乐、社交等日常生活模式均在互联网上得到延伸，甚至成为主流。各类“互联网+”的应用不断发掘，以满足青年多样化的需求。在社会交往上，我们甚至可以断言，虚拟已经取代了现实，成为青年的主流社交模式。当前，互联网业已成为当代青年获取信息的主要渠道。目前，微信日活用户超10亿人，“今日头条”、“虎牙直播”日活用户均达到1亿以上，腾讯“王者荣耀”2020年前10个月的平均日活跃账户数超过1亿[①]，其中绝大多数都是青年。

信息不仅是一种工业必需品或商品，由于各种形式的权力，包括公众的生计都一天比一天更加依赖信息，对信息的了解与掌握也成为民主

① 《腾讯：〈王者荣耀〉2020年前10个月平均日活跃账户数超过1亿》，新浪科技，https://finance.sina.com.cn/tech/2020-11-12/detail-iiznctke1076831.d.html?fromtech=1。

政治的生命线。[①] 自媒体在当代青年中的影响力巨大，掌握一定的“话语主导权”，在形塑青年价值观中占据一定分量。从广东省青少年事业研究与发展中心进行的调查研究中可以清晰地观察到，广东青年获取国内外时政资讯渠道的前三位分别是：微信公众号及微信群占73.2%，腾讯、新浪、网易三大商业新闻APP共占51.7%，今日头条占44.9%。在调研中，有相当一部分青年对传统主流媒体的宣传话语体系不认同，认为其缺乏生动性和吸引力，与青年语言相去甚远。有超过41%的受访青年认为网络舆论对自己的价值观影响大或影响很大。传统媒介一再衰落，没有成功转型的媒体不得不面临关闭的压力。虽然国家近年来不断加强对互联网的综合治理，但监管手段和效果对于一日千里的互联网发展趋势而言，具有一定的滞后性。因此，网络信息存在负面效应。网络信息失真、舆论场戾气重仍在一定程度上存在，并且对青年有较大的负面影响。不实信息和网络造谣等行为如不能得到及时监管和治理，则容易误导广大青年。

> 网络留言7：我觉得网络暴力真的很可怕，很多人因为网络暴力而受到伤害。我们对于微博等公众平台的注册要更加规范，发现侵害他人权利或用语言攻击他人的行为时要进行处罚。有关部门应该加强管理，倡导良好的社会风气，以体现社会主义核心价值观，同时减少娱乐媒体的舆论，多做有利于传播中华民族优秀传统文化的节目或新闻；对不实的新闻要严加打击，培养青年对传统文化的热爱和继承发扬意识，感受中华民族传统文化的魅力，而不是沉迷于游戏和直播。

广东青年认为当前的网络环境总体清朗安全，但也有监管不到位之

---

① 李永刚：《我们的防火墙：网络时代的表达与监管》，广西师范大学出版社，2009，第57页。

处，对部分青年的健康成长产生了不良影响。比如自媒体、公众号的自律性不够。某些自媒体和公众号为博眼球、获取流量，过度消费性别、阶层和城乡差异等社会热点问题，并传播负面的价值观，对青年有较大的负面影响。调研结果显示，有60.9%的受访青年认为在制约社会主义核心价值观传播的各种负面因素中，互联网鱼龙混杂排首位。

网络留言8：梁启超有云“少年强则国强”。希望能加强青年网络教育，加强思想建设，给予青年正确的价值观引导，同时整治网络环境，清除网络上的不良因素，还青少年一个健康和谐的成长环境。

调查发现，有32.7%的受访青年坦陈身边有网络暴力现象，分别有65.9%、55.7%、47.1%的受访青年认为网络直播、网络视频、网络游戏是整治的焦点。网络违法犯罪手法在不断更新变种，令人防不胜防。如校园贷、传销、诈骗等，依托互联网的技术优势，变种速度加快，危害加深，影响范围不断扩大。网络成瘾已成为当代青年成长中的一个突出问题。一些青年将网络作为生活世界的全部，难以区分虚拟世界和现实世界，或者因为想逃避现实社会中的不如意而将网络社会作为精神寄托。独自生活、缺乏社交甚至切断与社会联系的“御宅”青年现象越来越普遍，在网络上成为一种青年亚文化。有62.9%的受访青年自报身边存在网络成瘾的朋友。有15.5%的受访青年自报每天玩游戏的时间超过2个小时，其中5.2%的受访青年超过3个小时。有4.2%的受访青年自报每年游戏花费超过600元。使用家庭资金进行网络购物、打赏网络主播或者网络游戏充值的案例也屡见不鲜。网络游戏付费和网络直播乱象丛生，诱导青少年消费。网络游戏的绝大部分受众是青少年学生，精心设计的游戏场景需要充值才能升级。青少年，特别是缺乏父母监管的留守青少年，因游戏充值和直播打赏而盗刷家长账户的新闻屡见不鲜。

在2020年的“3·15”消费者权益日中，未成年人网络游戏充值消费更是成为新的议论焦点。

二　互联网延伸至生活空间所引发的青少年超前消费行为

在消费主义的驱动之下，电商消费普及对青少年的超前消费暗示“无孔不入”。网络舆论的过度宣传容易诱导青少年超前消费。广东省青少年事业研究与发展中心于2020年开展的一项有关青少年消费观专项调研的结果显示，13.6%的受访者认为“网络舆论对于超前消费理念的宣传”影响了青少年的超前消费行为。很多以青少年为主要受众的影视剧将宣扬奢华生活作为卖点，打造“霸道总裁”人设，一些自媒体甚至通过宣扬“要给自己最好的名牌”的所谓时尚生活方式影响青少年的消费观念。

各大电商促销活动铺天盖地，不但利用传统节日进行促销，还将原本普通寻常的日子都包装成“购物节”，加上无论是生活、学习等基本消费还是休闲娱乐消费，几乎都能使用分期付款的方式购买，因此青少年极易陷入“购物狂欢”的超前消费中。直播消费热潮涌现，引发青少年的冲动消费。直播带货等新型消费形式不断兴起，直播空间营造的紧张气氛极易调动网民的消费冲动。一半以上的受访青少年会通过网络直播购买物品，相当一部分受访青少年属于习惯性购买。有59.4%的受访者认为网络直播购物容易引发自己的消费冲动。

粉丝经济与社交媒体相结合，营造出青少年超前消费的压力环境。一些后援会宣扬“追星就是要为偶像买单”，组织粉丝大量消费明星的周边产品。26.3%的受访者认为，“一些明星偶像/网络游戏公司等诱发青少年消费欲望”是造成青少年超前消费的原因。在明星，特别是流量明星的粉丝圈中，鼓励青少年为某一明星重复购买唱片、写真等打榜行为很常见。有媒体曾爆出粉丝为支持偶像充100年会员、购买逾900万元投票券等疯狂集资行为。“饭圈”内的狂热气氛和集体认同感需要粉丝通过源源不断地投入资金来维护，容易使其因陷入超前消费而入不敷出的窘迫境地。

> 网络留言9：大学生容易被骗，总是会过度消费，喜欢买名牌包和衣服，同时还需要承担昂贵的化妆品费用，负担不起时更容易陷入圈套。

在种种价值观潜移默化的影响下，超前消费理念获得一定数量的青少年群体的认可。调研结果显示，49.1%的受访者认为超前消费现象在身边很普遍，61.6%的受访者认为超前消费是现代社会的正常现象，40.5%的受访者认同“能花才能赚”的观点，32.4%的受访者认同“只要有能力偿还，就能随意超前消费”的观点，而且越是高年级的学生，持认同观点的比例就越高。近20%的受访者每月收支难以平衡，其中有6.8%的受访者曾依靠贷款和透支信用卡来维持生活。

> 网络留言10：身边不乏同学花几千元买化妆品、电脑外设等奢侈品，但是很多人并没有做到经济独立，需要父母提供经济支持或者依靠借贷产品。

同伴社交成为青少年超前消费的重要推动力。“朋友圈、社交圈的攀比心理”在影响青少年选择超前消费的因素选项中位列第一，占比高达59.5%。很多青少年在趋同心理的支配下，希望通过物质消费来获得社交归属感。有20.3%的受访者认同“跟不上潮流会让我在朋友中被孤立”的观点，8.2%的受访者认为超前消费“可以跟朋友形成共同的话题”。

超前消费理念的传播与互联网圈层化的青年群体规律相结合，使青少年的超前消费行为形成了一种亚文化。很多青少年消费趋向标签化、符号化，追求个性。32.8%的受访者认为高消费改善了生活质量，35.7%的受访者认为消费代表了一个人的品位，部分青少年认为超前消费能够让自己追赶潮流成为时尚弄潮儿。在“炒（球）鞋”“玩（手）机”等青少年亚文化群体中，不少人贷款或分期付款购买最新款的产品。有的大量囤货，重复购买，甚至赔了好几十万，从此背负重债。

三　互联网技术发展带来新兴业态青年问题：以“快递小哥”为例

互联网技术的发展对青年的日常生活产生了重要影响，不仅基于互联网技术本身，而且人们生活的各个方面也逐渐被“互联网化”。互联网给青年带来了更多的就业机会，产生了快递配送、网约车等诸多技能或职业共享平台。新兴业态也容纳了大量在特大城市、大城市就业的青年群体。青年对新事物和新技术的接受和运用程度远远高于中老年人，具有天然的优势。但是，由于是新职业，很多管理和发展问题是不确定的，对新职业的发展有待观察和进一步推动。在这个过程中，青年的生存与发展问题成为重要的现实问题。

广东省青少年事业研究与发展中心于2019年牵头开展了一项有关“快递小哥”的专项调研，旨在了解该群体以及以该群体为代表的新兴业态从业青年群体的生存状况，反映比较普遍的需求。“快递小哥”是城市新兴业态从业青年的代表，他们遇到的问题是互联网平台型职业的共同境遇。

调研结果显示，广东“快递小哥”群体有以下基本特征。一是性别差异大。男性居多，占92.4%，高于88.9%的全国平均水平。二是年轻化。“快递小哥”的平均年龄为26.1岁，20~29岁人群占51.8%，“95后”所占比例达37.3%。三是农业户籍占比大。“快递小哥”中农业户籍占75.1%，非农业户籍占24.9%。四是入职门槛低。“快递小哥”不需要较高的准入条件和技能门槛，入职前大多从事工人、服务员、销售员、保安和司机等工种，容易转换工作。五是学历基础较好。广东“快递小哥”中，具有大中专及以上学历的占23.2%，具有高中学历的占34.1%，高于27.0%的全国平均水平。在一些行业龙头快递企业中，如中国邮政、顺丰速运等，具有本科学历的也不在少数。

中国快递业务量稳居世界第一，一方面是由于市场广阔、经济活力足，另一方面是深受人口红利的影响。在前期“野蛮生长”下，“快递小哥”的工作条件、工作环境和生活状况并未随着行业的高速发展而具有显著改善，存在的问题主要包括以下几个方面。

职业保障缺乏，影响“快递小哥”的工作稳定性和安全感。一是社会保障制度不健全。有41.9%的受访者没有参加任何养老保险和医疗保险。二是合法权益容易遭到侵害。有45.2%的受访者曾遭遇用人单位强制加班，23.8%的受访者认为工作安全保护未达到国家标准，18.2%的受访者曾遭遇拖欠工资。有55%的受访者在遇到合法权益被侵犯的情况时，未采取任何行动，更谈不上通过劳动争议仲裁委员会、法院、群团组织、官方媒体等渠道维护自己的合法权益了。三是职业不稳定。有66.2%的受访者对未来6个月可能失业有焦虑感，年龄越小，其职业稳定性预期越低。四是罚款制度比较普遍。为了加强管理，很多快递企业平台建立了罚款制度，有77.5%的受访者表示所在单位有罚款制度。罚款制度的建立虽然有助于规范快递员的从业行为，但也有过度依赖罚款、以罚代管的倾向。在调查的一个月内，有35.8%的受访者表示有被罚款经历，平均罚款金额为604元。

工作强度大，职业发展前景不清晰，影响“快递小哥”的职业认同感。一是超时工作现象普遍。受访者每周平均工作时间为65.77小时，平均每天工作9小时以上，没有双休日。二是单位时间收入较低。虽然受访者的平均月收入为5693.61元，与2017年广东城镇私营单位就业人员月均薪资4445.58元相比高出不少，但均摊到工作时长中仅为每小时29.3元。广州每小时的最低工资标准为20.3元。76.9%的受访者认为“我的收入还应该再高一些，才能弥补我付出的辛苦劳动”。三是职业发展前景不好。一方面，由于工作时长已达到或接近极限，“快递小哥”靠延长工作时间来增加收入的可行性较低。另一方面，由于行业平面化运营的特性，“快递小哥”群体缺乏清晰的职业发展路径，导致其对在工作中成长的信心不足。有62.1%的受访者认为“我感觉未来不太有可能大幅度增加收入，常常有种无力感”，44.7%的受访者认为自己的工作没有被尊重，75.4%的受访者表示今后不愿意让自己的孩子从事同样的工作。

工作环境和社会接触面复杂，工作中存在安全隐患。“快递小哥”每天串街走巷，是直达千家万户的“终端”，工作环境灵活多变，常常会遇到意想不到的困难、麻烦甚至危险。有41.4%的受访者认为“我的工作环境并不安全，经常提心吊胆”。一是“快递小哥”本身面临的安全隐患，如交通事故、人身安全等。有70.3%的受访者反映过去一年在工作中曾经遭遇安全问题。其中，有28.4%的受访者感觉身体素质明显下降，17.2%的受访者曾经遭遇交通事故，16.6%的受访者遭遇过快递丢失的情况。二是少数“快递小哥”在工作中可能会给他人带来安全隐患。一些“快递小哥”配送工具超标、法治观念淡薄、安全意识不强，常常导致交通事故甚至刑事案件的发生。三是某些即时配送平台型企业（如美团、饿了么、闪送等）众包①用工存在政策空白。即时配送平台与众包配送员之间属于合作而非劳务关系，不受《劳动合同法》等法律规范的约束，雇佣关系不清晰，招募用工风险控制不足，人员流动性大，监管力度薄弱。

党和政府对快递行业的关心和关注、新闻媒体的报道，使“快递小哥”群体受到越来越多的关注，但职业规范化、服务人性化、管理法治化与经济社会发展的需求还有一定差距，需要完善顶层设计，形成

① 众包模式是指一个公司或机构把过去由员工执行的工作任务，以自由自愿的形式外包给非特定的且通常是大型大众网络的模式。

联动机制，切实加强对“快递小哥”的引领、管理和服务工作。2019年3月，广东省邮政管理局联合共青团省委下发《关于做好关爱青年快递员工作的通知》，在加强“快递小哥”思想政治引领、推动技能提升、服务成长发展、依法维权和加强党建团建等工作上做了详细安排。行业主管部门、相关职能部门、群团组织等探索将“快递小哥”等新兴群体纳入广东省职业技能培训体系和社会保险体系，积极发掘、联系、培养选树优秀典型，加大法治宣传和合法权益维护工作力度，引导全社会尊重、关怀快递员群体，营造理解、尊重快递员的良好社会舆论氛围。

> 网络留言11：不但要关注青年的第一次就业，更要关心未来的职业变换以及职业发展，开展更多的职业培训以及青年职业规划辅导。今后随着信息技术的发展，人工智能越来越重要，低技术含量的劳动和服务岗位会越来越少，对新出现职业的及时引导和培训能帮助更多的待业青年。

四　加强青年互联网工作的可行路径

以网络为媒体的传播方式进一步打破了大众传媒与人际交流的界限，形成一种可称为“大众自传播”或“共有媒体”的新型传播形态。[①] 现代信息技术工具越发达，青年面对面的沟通交流就越少。越来越多的青年宁愿坐在电脑前面，跟同学、朋友甚至陌生人聊天，也不愿意走出家门进行面对面的沟通。而且青年之间交往的频率虽然很高，但深度日益浅层化。热闹的表象背后，是一种越发孤单的原子化生活趋势和以自我为中心的思维模式。

在由传统社会向现代社会变迁的时代背景下，面对通信和信息技术

① 邱林川、陈韬文主编《新媒体事件研究》，中国人民大学出版社，2011，第5页。

的飞速发展，面对所依托对象的不断变化，信息化的转型和掌握新媒体话语权应是共青团组织创新的题中之义。近年来，共青团组织努力运用互联网这一新的技术和手段来构建团结、引导、教育、服务广大青年的新阵地、新渠道，形成了以信息化建设促进团的工作创新、全团共抓新媒体建设的局面。

应对网络和新媒体的有序无序发展，根本对策在于人自身。[①] 掌握新媒体话语权有助于共青团提高自身的社会适应能力，紧跟时代前行的步伐。青年工作的与时俱进是共青团组织适应新时期群团工作要求的重要路径。在开放的互联网空间中，如果说要紧随潮流，当代青年作为最容易接受新生事物、最早接触和熟悉信息技术、对技术更新换代最具有热情的群体，在互联网生态的标尺中，比共青团组织和团干部走得更远。因此，做好新媒体建设运营服务，关键在于把握青年最深层、最本质的需求，从而具备触动其心灵的能力，而不是一味地以娱乐化手段迎合青年。

互联网的精髓在于“众人”和“参与”。新媒体话语方式的转型有助于共青团塑造形象，拉近与青年群体之间的距离。共青团“群团组织”的定位，决定了其扮演着党联系青年的桥梁纽带角色。官方色彩过于浓厚会使团组织在与崇尚自由、追求个性的青年群体的交流过程中，产生某种话语体系的错位。传统的行政语言和工作方式也会加深团组织和青年之间的距离感。我们应当从新媒体的交互性中认识到，青年工作成功与否，取决于青年本身是否参与，因此要将青年作为整个链条中不可缺少的一环，要用新媒体运营的手段塑造时尚、创新、友好的共青团形象，吸引更多的青年参与共青团工作，在潜移默化中接受共青团的引导。

我们要破除新媒体是“一用就灵”的“万金油”观念。虽然新媒体具有时效性、反馈性、经济性、多元性、广域性等多种特征，能迅速

① 俞虹、顾晓燕：《新媒体：传播能力与媒介责任的延伸》，《现代传播》2012 年第 5 期，第 111 ~ 114 页。

获得成效，但互联网对青年产生的区隔化、原子化等负面影响仍不可小觑。群团工作最终是人的工作，我们既要发挥新媒体的积极作用，也应该在适当的时候重新使用面对面动员的方式，对青年的成长发展形成长效影响。同时，我们要加强对青年网络素养的培养，使其了解自身是新媒体的一环，也具有传播能力，要帮助其建立对社会与媒体的责任感。

第三节　青年的充分均衡和高质量发展

随着现代化与社会转型的进程加快，中国社会开始步入个体化社会，碎片化、原子化和分层分化是现代社会的基本特征，青年在求学、就业、居住等方面面临的压力与日俱增。共青团广东省委于2018年开展的一项样本量为17万人的调查发现，不同阶层的各类青年群体均不同程度地存在焦虑情绪，就业困难、房价高、工作压力大位于困扰青年问题的前三位，分别占63.0%、48.9%、41.0%。中国青少年研究中心调查发现，68%的被访大学生有焦虑心理，其中12%处于“非常焦虑”甚至一直处于“紧张不安”的状态。城乡、区域发展不平衡不充分导致青年的发展基础和发展机遇存在巨大的差异，引发青年特别是相对弱势青年的“群体性焦虑”，这在教育和就业领域尤为突出。

一　青年流动与区域发展不均衡

广东青年发展有着较为显著的不均衡性。青年是推进区域改革创新、构成城市竞争战略优势的重要力量，身处急剧变化的都市环境，面对众多发展机遇和比较公平的发展环境，也承担着来自社会和自身的各种压力，奋斗和拼搏是其生存发展的必然选择。当代青年追求高质量发展的需求也越来越强烈，教育、就业、住房、身心健康、育幼养老等方面的政策优惠，都是青年实现更好成长、更快发展的必要条件。例如，华南地区首批全国青年规划试点——深圳市宝安区——已经开始探索创建“青年发展型城区”，并提出“幼有善育、学有优教、劳有厚得、病有良医、老有颐养、住有宜居、弱有众扶”的七项重要民生目标。而粤东粤西粤北是经济欠发达地区，青年人口总量和分布密度与珠江三角洲地区存在巨大差异。这一区域的经济发展水平不高，资金、人才相对缺乏，尤其是部分地市位于山区，资源匮乏，交通不便，经济发展较慢，生活环境较差。这一区域的大部分青年都渴望发展，但会受到资源不足、市场狭小等条件限制。其中部分小镇青年或农村青年由于缺乏动力而安于现状，久而久之就会产生惰性，依赖政府或第三方扶持，缺少自我发展的动力。由于粤东粤西粤北地区就业市场较为狭小，青年发展空间有限，很多青年将广州、深圳或其他珠三角城市作为自己求职的首选地区。即便愿意在家乡发展的，也仅仅将家乡作为一个备选项，即其生命周期的黄金时段并没有计划扎根于家乡。

近年来，随着互联网技术的普及和新兴职业的崛起，越来越多的青年返乡创业或就业，为粤东粤西粤北地区带来新的发展生机。而要想吸引更多青年、留住更多青年，广东应继续促进人口与社会经济全面协调发展，加快推进公共服务均等化，着力缩小粤东粤西粤北地区与珠江三角洲地区的差距，缓解区域人口分布压力，补齐粤东粤西粤北地区安居、就业、社保、入学、医疗等现实问题短板。

网络留言 12：希望我们边远地区的高中生可以像珠三角地区的学生一样多一些实践活动，比如地理的调研活动等，理科的实验室不要总是留在那里积尘，这样我们也可以多一些机会与珠三角地区的学生竞争。

网络留言 13：农村孩子不能与城市孩子相提并论，很多资源农村孩子根本连想都不敢想，比如我们村的小学，最高学历的教师是大专肄业，大部分只有初中学历。然后他们到镇上读书的时候，自卑、无知，很多孩子都辍学打工了。

在教育领域，优质资源稀缺，资源分布很不平衡，珠江三角洲地区和粤东粤西粤北地区的基础教育水平存在差异。粤东粤西粤北地区的优质教育资源缺乏，而其乡村地区的师资力量更是薄弱。出于对资源利用效率以及学生覆盖面的考量，当前对农村学校的资源支持大部分集中在镇中心学校或村里人数较多的学校，而分布广泛的教学点获得的资源则相对较少，教育工作开展存在较大困难，优秀师资及优质生源流失加剧，形成恶性循环。52.1%的青年认为解决“教育资源分配不均”的问题迫在眉睫。受访青年表示，教育本应是摆脱贫困的根本出路，但在一些欠发达地区，教育助推青年向上流动的功能越来越弱，“读书无用论”有重新抬头之势。47.0%的青年认为应该大力补充乡村教师队伍，提高乡村教师待遇。分别有36.4%和36.2%的受访青年认为应“普及高中教育”和“给困难家庭发放补贴”，以提升弱势家庭的教育支持能力。

网络留言14：我们村子和我一届的一共有19个人，其中1个上了重点大学，1个上了普通一本大学，5个初中就辍学了，其余的都是专科或者职业学校。这个数据令人震惊吗？我们总在谈论中国生育率下降的问题，谈未来人口崩溃，可是如果国家关注农村教育问题，提高农村教育质量，让大部分农村孩子也具有竞争力，有更多脑力劳动者，那么我们还会愁人不够用吗？

网络留言15：解决城乡差距问题迫在眉睫，教育设施和施教人才不足，导致城乡差距不断扩大，虽然我国一直致力于这方面的建设，但农村教育问题依然突出，农村学生的英语水平和科学实践能力短板将成为常态，所以应该着力解决如何留住农村教师问题，如何吸引高素质人才到农村支教问题，如何加强和完善教学设备问题。

区域发展不平衡和大量外来流动人口使青年的发展机遇存在差异，优质岗位的竞争空前激烈。一是发展机遇问题。发达地区“人才虹吸效应”和欠发达地区“空心村”现象反差将进一步增强。珠江三角洲地区的经济结构调整淘汰了大量劳动密集型产业，而学历不高、缺乏专业技能的青年涌入，导致岗位与人力供给之间产生了巨大矛盾，极易形成“无目标”“无技能”“无退路”的城市闲散待业青年聚集区。二是岗位稀缺问题。2003 年高校扩招以来，大学生就业问题成为历年来社会关注的焦点，在新冠肺炎疫情的影响下，大学生就业问题更为突出，引发了青年毕业生的“群体性焦虑”。

网络留言 16：小城镇有很多有天赋又有才能的人，但他们不像大城市里的学生一样有平台展示自己的才艺，所以只能怀揣着梦想和天赋平淡地完成学业。加上小城镇实行素质教育的条件并不完备，因此应试教育便将发展学生其他技能的一切可能和支持条件都挤压了。

二　青年社会适应与身心健康

就业、婚恋是青年成长过程中的标志性事件。其中青年就业是其真正迈入社会的第一步，也是社会适应的关键期。就业是否顺利，对青年是否取得学校和社会之间的良好衔接起到决定性作用。2019 年 3 月，广东省青少年事业研究与发展中心开展的一项调研显示，受访青年普遍认为，当前高校的专业设置未能及时反映经济结构调整和社会变迁的需求，而且课程内容偏重理论，实践教育严重不足。60.9%的青年认为自己所学偏重于理论，29.0%的青年认为教育设置中“社会教育太少”。学校教育与现实脱节产生负面影响，不能完全满足青年在思想引导方面的需求，直接影响到青年就业。51.2%的青年认为造成当前就业困难居第一位的原因是“专业和市场不对口”；居第二位的是“读书期间参加见习实习机会太少”，占43.3%；而“参与学生工作太少，缺乏锻炼机会”则排第三位，占38.8%。

网络留言17：加强就读专业的专业性，实行专业分层制，即一流大学开设更多科学研究类课程，而相对普通的学校既没有足够的师资力量，也没有雄厚的经济实力支撑其教授学生完成学习和研究，则开设更多的基础就业课程，而不是一味地向国家申请研究经费却没有实际成果。

网络留言18：有些高校的专业设置与社会人才需求不对等，比如师范专业的大专生毕业后根本无法进入学校当老师，本科师范专业毕业生被挤到小学，社会对大专生师范专业的需求不多，导致其出了学校也无法找到工作。

2020年2月广东省青少年事业研究与发展中心开展的一项覆盖广东21所高校、样本量为7103个的调查显示，新冠肺炎疫情加剧了对大学生的就业挤出，企业新增岗位需求下降，部分行业已就业人员向重新求职回流，进一步压缩了大学生就业的市场空间。64.9%的大学毕业生认为疫情对求职影响较大或非常大。36.4%的大学毕业生因未找到理想工作而产生焦虑情绪。另外，疫情背景下大学生就业偏好更趋求稳，更加集中流向体制内用人单位，向珠江三角洲地区聚集的趋势更加明显。调查显示，93.4%的毕业生就业地首选广东省，79.2%的毕业生首选珠江三角洲地区。疫情期间，高校毕业生就业市场供需矛盾凸显。线下招聘转战线上，毕业生难以适应，公务员、事业单位等岗位招聘时间延后增加了毕业生的焦虑，学生慢就业、晚就业的现象也较为突出。[①] 广东高校毕业生近 5 年就业率基本在 94%～95%之间，2020 年同期数据为 82.17%。

由于生活方式的快速变化和工作、学习竞争压力的加大，青年群体常用“亚健康”来描述自身状态。一是体质健康下降趋势明显。超重及肥胖青年增多，心肺功能下降，视力不良检出率居高不下，“低头族”的眼科疾病和颈椎疾病频发。数据显示，分别有 49.6%和 49.4%的青年呼吁“确保体育课时和课外锻炼时间”和“把全民健身计划落到实处”。二是心理健康问题凸显。青春期的心理隐患没有及时消除，加上社会心理服务体系建设滞后，一旦工作、学习、生活压力加大，就容易诱发心理疾病。广东 12355 青少年综合服务平台上线运营的 9 个月内，接听心理咨询电话 14164 通，占总接听数的 95%。三是睡眠严重缺乏。熬夜上网、玩游戏等“主动缺觉”和加班等“被动缺觉”现象普遍，睡眠不足成为影响青年健康的重要因素，互联网、计算机等新兴行业从业青年此类现象尤为突出。

网络留言 19：青年体质水平逐年下降，特别是在大学，这种情况更为突出，建议提高体育课程学分占比，增设传授健康保健知识类的课程，加强引导青年学习健康知识，如疾病预防知识等，加强引导改善青年的作息习惯，减少长期熬夜、长期不吃早餐等现象。

网络留言 20：虽然许多学校都建设了心理辅导室，可是辅导室长期处于无人运行状态。青少年面临的心理问题有很多，例如考

① 余嘉敏：《疫情冲击下广东如何稳就业?》，南方网，http://economy.southcn.com/e/2020-08/28/content_191383063.htm。

试焦虑、同学之间的相处等，甚至已经有学生发展成为抑郁症却不肯接受治疗，认为这是一种“可耻的表现”。我认为应关注青少年的心理教育问题，使广大青少年在健康的心理环境中成长。

经济产业结构的变革带来了家庭供养模式的改变，是当代中国青年接受后现代思维形成与传播的经济基础。青壮年的角色从“供养家庭”向“全家支持”转变。劳动年龄延长和“少子化”的趋势，使原本作为家庭主要劳动力的青年一代，特别是“90后”，在一定程度上存在依靠家庭的“啃老”现象。青年群体的经济压力虽然减轻了，但带来了劳动伦理的衰退，集中表现为就业意愿递减、对企业的忠诚度降低、敬业精神缺失。在中等发展程度地区，工业生产结构仍以加工代工为主，单一工序操作与主体意识觉醒、追求独立和多元发展的“90后”“00后”之间的矛盾越来越大。工作环境、人际关系，有时甚至宿舍没有空调、饭堂的伙食不好等各种非常规的原因，都可能造成青年离职。

都市生活节奏的加快、生活压力的增加和适龄青年交际圈的减小，导致青年交友困难，单身青年因此错失良机。同时随着市场经济的发展，青年的婚恋观、行为方式、价值取向也发生了很大变化。此外，交友难、婚恋难已成为社会普遍现象，成为家庭和社会关注的热点问题。在高压力生活和长时间工作下，青年群体的外出交友时间缩短，正当交友途径的缺乏和对单一任务化相亲活动的排斥，使青年群体的婚恋交友更加困难。从家庭内部来看，父母催婚造成的心理压力成为青年在婚恋交友中存在的最大问题。大部分青年尚处于刚进入社会准备拼搏事业的状态，父母的催促与外部环境的影响，极易对其造成心理压力，从而使其产生逆反心理。

网络留言21：现在的青年人有太多的不安，如事业上、生活上不如意、社会高速发展导致压力越来越大等。农村的学生几乎无法跟上社会的发展，而且大多数青年人都有心理疾病，所以生理跟心理都需要加强。

性问题同样是青年成长中绕不开的话题。青年普遍反映现行的学校教育课程内容设置面临性教育缺失的困扰和尴尬。性教育是一项专业性、技巧性很强的工作，须由专业教师、专科医生、资深社工等开展，监护人予以配合。当前性教育仍不能充分满足青少年的正当求知欲。遮遮掩掩，人为地敏感化，导致很多青年借助淫秽视频和文字、同学口耳相传实现性扫盲，极易走上歪路。性教育缺失的隐患在青年女性中尤为突出。由于自我保护意识淡薄，女青年低龄怀孕、堕胎的案例屡见不鲜，对身体发育造成严重损害。

网络留言 22：性教育这个课题该怎样去做？如何让大家不要谈性色变，以正常、正确、客观的态度面对这件事情？如何让处于青春期的青少年正确对待自身或他人的第二性征，不会觉得这是一件羞耻的事情，然后接受自己爱自己？

三　青年对住房问题解决的诉求集中

住房作为满足民生需求的准公共物品，不仅与青年的居住、生活和工作密切相关，也影响着青年的婚姻、家庭和社会认同。住房不仅仅有居住属性，更捆绑了教育等重要的公共服务。因此，妥善解决青年的住房问题，不仅能够增强青年安心发展的意愿，而且能够提高青年对城市的认同感、生活幸福感和获得感。职业青年拓宽住房保障渠道和改善居住条件的需求非常强烈。解决住房需求是青年提高生活品质的重要标志。

网络留言 23：我是一名即将毕业的普通大学生，切身体会到

公司不提供食宿或发放补贴给青年初次就业造成的困扰。起薪低，政府仅负责落户，一般是自己到城中村找房子合租，城中村鱼龙混杂，会给单身女生带来安全隐患。

当前，青年普遍反映难以承受高房价高房租。调查表明，居住问题成为青年走出校园、迈入社会、站稳脚跟的巨大障碍。2020 年，广东省青少年事业研究与发展中心针对青年住房做了专项调研。调研结果显示，71.6%的青年认为当前“房价过高”或“房租太贵”，承担不起。有青年表示“买套房要花费三代人的钱”“租房要花去半个月的工资”。在最希望政府完善的青年福利政策体系中，60.5%的青年选择住房福利，排在所有选项的第一位。对于大部分初次就业的青年，尤其是“农家子弟”来说，由于起薪低，单位不提供食宿或发放补贴，住宿支出高，生活压力非常大。多数青年只能到城中村等租住合租房，而城中村的条件恶劣，环境复杂，安全隐患大且难以看到改善的希望。当被问及“在解决青年住房困难问题上希望得到政府哪些帮助”时，排在前三位的分别是降低房价（54%）、推出青年人才公寓（48%）、发放或提高住房补贴（38%）。

网络留言 24：很多毕业后留在大城市的大学生只能蜗居在拥挤杂乱、租金便宜的城中村，身边有很多人因为这样而选择回老家发展，希望国家能出台一些租金补贴的政策，或者建设更多公租房让刚出来工作的大学生能够有地方可住。

从上述调查结果和网络留言来看，青年普遍反映收入水平难以承受高房价高房租。当前特大城市和大城市青年住房刚性需求强烈，但这一基本需求远未得到满足。居住问题成为青年走出校园、外出务工、步入社会、成家立业的巨大障碍。青年发展必然会经过一段长时间的适应期，社会支持网络缺乏会影响青年顺利度过这一适应期。

特大城市和大城市中青年的生存状态引发我们对一个特殊青年群体的关注：空巢青年。所谓“空巢青年”，即在特大城市、大城市工作，独自租房或与陌生人合租的青年群体。为了了解“空巢青年”的生存状态，广东省青少年事业研究与发展中心于2020年牵头开展了专题调研，共收集职业青年的有效问卷5468份，其中符合“独自租房”或“与陌生人合租”居住状态的有1091份。

从调研数据中可以看出，受访的“空巢青年”主要有以下几个特征。一是年轻化趋势明显。在受访者中，“95后”占58.8%，“90后”占33.2%，“85后”占8.0%。二是学历水平较高。本科及以上学历占48.2%，大专高职学历占46.5%，高中及以下学历占5.3%。三是跨省流动多。有53.3%的受访者来自广东省以外的地区，55.5%的受访者毕业于广东省以外学校，26.0%的受访者来自省内非珠三角城市，仅有29.2%的受访者将户口迁移到工作所在城市，远远低于其他职业青年群体的43.7%。四是部分青年将“空巢”视为自身的主动选择。主动选择“空巢”状态的青年占多数（57.4%）。一些青年表示，自身能负担得起一个人的居住开支，独住也方便家人朋友探访。五是心态总体健康积极。有68.3%的青年对自身独居状态给予积极正面的评估，倾向用“自由”“独立”“进步”等标签来形容自己的独居状态。

与其他职业青年群体相比，“空巢青年”在一定程度上存在劳动强度大、经济窘迫等物质困难和心理压力大、孤独感较强、缺少安全感、产生失落感等心理困扰。

就居住条件而言，成本低而生活便捷的城中村成为收入不高的“空巢青年”的首选，有41.1%的受访者居住于此，远远高于居住廉租房的14.9%和居住集体宿舍的14.7%。而其他职业青年群体居住集体宿舍的比例高达38.0%。居住支出占收入比例较高。国家卫健委流动人口服务中心的数据显示，特大城市流动人口平均用收入的28.1%租房。而在此次调研的“空巢青年”中，房租支出占收入 2/5 的有 40.5%，超过 3/5 的有 17.5%，显著高于流动人口的平均水平。在对居住条件的满意度方面，受访者普遍对居住条件不满意。仅有 3.9%的受访者表示非常满意，26.1%的受访者表示比较满意，分别低于其他职业青年群体的 8.8%和 31.0%。其中租住城中村的受访者满意度最低，仅为 13.8%。

“空巢青年”缺乏本地社会支持网络，其平时主要的交往对象是“亲缘”或“业缘”群体，即家人或同事。在遇到困难时，这部分人也是“空巢青年”主要的求助对象。但远离家人、同事难以形成可依靠的支持关系，造成“空巢青年”在遇到困难时“远水解不了近渴”，如果遇到房东收回住房或长租公寓爆雷等权益受到损害的事件，他们的无助感就越发强烈。“空巢青年”独居容易引发安全隐患，缺少照顾和关爱是“空巢青年”面临的普遍问题。39.3%的受访者表示担心突发疾病/受伤无人知晓和照顾，19.5%的受访者担心遭遇抢劫、偷窃等危及人身财产安全的事件，仅不到一半（35.2%）的受访者表示自己“没什么好担心的”。青年处于“空巢”状态的时间过长使其结婚意愿降低。有 68.0%的受访者处于单身状态，且有 15.9%的受访者明确表示不想结婚。而独居 3 年及以上的受访者中，不想结婚的比例达 21.4%。可以预见的是，“恐婚族”“不婚族”将随着独居人群的增多而不断增加。

大多数“空巢青年”孤独感强烈，负面情绪增长明显。其中“经常感到孤独”的占 18.4%，“有时感到孤独”的占 47.6%。值得关注的是，经常感到孤独的男性占 21.7%，远高于女性的 11.6%。有近一半（42.8%）的受访者提出，如果有可能，想摆脱独居的“空巢”状态。有一定比例的青年长期处于“空巢”状态。已经独居 3 年及以上的受访者占“空巢青年”群体的 20.1%，2~3 年的占 14.1%，1~2 年的占 26.2%。有 62.8%的“85 后”“空巢青年”独住了 3 年及以上。一些青年已经将独居视为一种难以“抽离”的生活方式。“空巢”时间越长，负面情绪越强烈。“空巢”状态持续时间不足 1 年的青年，有负面情绪的比例为24.8%。随着“空巢”状态的持续，负面情绪显著增长。独居2~3年、3年及以上的青年，有负面情绪的比例分别为33.8%、43.3%。

“空巢青年”对当前收入有较大的心理落差，对自我未来发展缺乏信心，容易产生逃避心理。有59.0%的受访者表示每周平均工作时间超过40小时，其中有8.2%的受访者的工作时间在70小时以上。而超负荷工作时间的高投入并不一定能带来高收入，大部分人（85.1%）收入都在8000元以下，其中有47.1%的受访者收入在5000元以下，占比最高。收入水平和是否处于独居状态略成反比，即“空巢青年”的收入相对更低。仅有20.2%的受访者认为相比自身能力和工作状况，当前收入是合理的。当被问及感受到的压力时，49.9%的受访者表示压力非常大，20.56%的受访者表示压力比较大，“对未来事业发展前景不确定”成为“空巢青年”最为突出的压力来源，远远高于社交压力、情感压力、生活压力等。71.8%的受访者并未将工作所在地作为今后定居的地点，而是将自己当作“过客”或走一步看一步，对城市的归属感不强，在激烈的竞争中产生一定的“被剥夺感”。31.3%的受访者表示对未来发展没有信心。而信心缺失的原因集中于“社会贫富基础差距太大”（47.2%）、“没有什么关系背景”（41.1%）、“社会资源分配制度不公平”（32.8%）、“学历不高，没什么发展前景”（28.5%）等方面。在“无助感”“不安全感”的发酵中，“空巢青年”可能逐渐丧失阶层地位信心，不断趋向对自身弱势群体的标签化认同。“空巢青年”的奋斗意识相对较低。有14.1%的受访者表示“不想努力，随遇而安”，而这一比例是其他青年群体的两倍，在一定程度反映出“空巢青年”遇到压力时的逃避式、退缩性心理。

四 解决青年均衡发展的可行路径

围绕更好地满足青年对美好生活的向往追求，要探索建立着眼于青年全面发展的制度化、普惠性的青年社会福利政策体系，着力解决青年迫切需要解决的福利与社会保障重点和难点，让青年更有获得感。

必须落实2020年《政府工作报告》的要求，解决好大城市住房突出问题，通过增加土地供应、安排专项资金、集中建设等办法，切实增加保障性租赁住房和共有产权住房供给，规范发展长租房市场，降低租赁住房税费负担，尽最大努力帮助新市民、青年人等缓解住房困难问题。

积极回应青年住房的利益关切。将青年住房问题列为关系未来发展的重大民生和社会发展问题，作为落实广东人才政策和提升区域竞争力的重大举措，加快建立多主体供给、多渠道保障、租购并举的住房保障制度，切实减轻青年住房压力过大、负担过重的状况。将符合条件的新就业青年群体列入政府公租房的保障服务对象范围，鼓励各地为创业青年、新就业青年、外来务工青年等青年群体提供人才公寓、公租房、周转房等各种支持保障措施，鼓励广东省金融机构开展以优惠政策支持青年首套自住住房需求的试点工作。

注重青年的均衡发展。脱贫攻坚战的胜利并不意味着贫困问题的完全消除，应当坚决守住脱贫攻坚成果，防范化解返贫风险，引导青年持续为农村助力，促进乡村振兴。政府应积极推动珠江三角洲地区的人才、技术、资金等向粤东粤西粤北地区流入，以经济建设为牵引，全面部署农村政治建设、文化建设、社会建设、生态文明建设，实现产业兴旺、生态宜居、乡风文明，为青年在乡村的就地发展提供治理有效、生活富裕的物质、精神和政策环境，不断缩小农村地区与城市地区之间的发展差异。加大对农村留守儿童的关爱保护力度，强化家庭监护主体责任，切实解决粤东粤西粤北农村地区留守青少年中存在的学业失教、生活失助、亲情失落、心理失衡、安全失保问题。

扎实开展青少年心理健康服务。注重加强对青少年的人文关怀和心理疏导，探索建立青少年心理问题的线索发现、个案受理、线下跟踪机制。全力提升12355青少年维权和心理咨询热线的服务质量，重点面向青少年提供心理咨询等服务，及时发现、处理青少年自杀、校园欺凌等高危线索。建立健全重点青少年群体的精准帮扶体系。聚焦不良行为青少年、闲散青少年、流浪乞讨青少年、服刑在教人员未成年子女、留守青少年等潜在风险群体，建立青少年事务社工、志愿者“一对一”“多对一”的结对帮扶机制。

要做好对青年的人文关怀和权益保护引导。全力提升青年群体对有序维权途径的熟知度，引导青年正确面对困境、压力及侵权现象。同时，整合省青年工作联席会议涉及青年维权的职能部门，推动形成青年合法权益维护及时、顺畅的支持机制。发动社会力量，组织相关社工机构、法律维权服务团体、社会公益组织与志愿服务队，积极举办服务青年健康成长的主题讲座、社区活动、校区活动等，营造积极氛围。面向青年群体，通过创新化宣传方式，针对青年维权途径、维权方式、维权程序进行科普与演练，针对已发生的侵权行为，引导青年进行合理性、科学化、有效率的维权活动。

加大对青年新移民的社区支持力度。由于收入有限和节约成本的现实考虑，新进入城市、收入不高的青年大多选择居住在价格低廉、空间狭小、设施简陋的城中村或交通不便的城郊接合部，难以为其提供一种安全、稳定、宁静的生活环境。社区接纳也是城市接纳的缩影，应充分发挥社区在青年社会融入中的关键作用，更大力度推进城中村、棚改户改造工程，改善城市新移民青年居住相对集中居住区的基础环境，通过发放资金补助等方式鼓励城中村完善基础配套及公共配套设施，创造安全、健康、成长的社区生活环境。

第四节　青年的创新和创业

供给侧转型、核心技术掌控和经济结构调整是新发展模式的必然之路，发展高技术所倚重的创新人才成为各地“争抢”的焦点。许多

“新一线”城市为了招揽人才、扶持青年创新创业各出奇招。而由于长期以来对劳动密集型产业的路径依赖，在经济结构转型过程中，广东现有的青年创新创业工作已经远远跟不上时代的需求。创新动力不足、创业层次不高、创业人才缺乏的情况仍然比较突出。创新创业从来不是一蹴而就、顺水顺风的事，特别是在瞬息万变的“互联网+”时代，昙花一现的“网红”类创业项目层出不穷。各种打着创业旗号的项目“野蛮生长”，乱象丛生，透支着公众的信心。如何才能精准地服务于创业青年，为有潜力、有市场、脚踏实地的青年创业项目保驾护航，是青年创新创业工作思考的重点。

在2018年广东省第十四次团代会期间，共青团广东省委针对青年关心的10个领域，通过“青年之声”网络平台，广泛征集意见，共收集调查问卷17.5万份、具体意见1万多条。在推动青年创新创业上，55.9%的受访者认为，应当加强创新创业教育；48.1%的受访者认为，应当出台更多的政府优惠激励政策；37.8%的受访者认为，应当建立更加严格的知识产权保护体系。从中我们可以研判出营造良好的创业环境、制定完善支撑体系对创业青年的重要性。

一　创新创业教育不足

一些高校虽然开设了创新创业教育课程，但内容的设计偏重理论的探讨和阐释。广东省青少年事业研究与发展中心于2017年开展的专项调研结果显示，接近50%的受访者认为高校开设的创新创业教育课程内容缺少与社会的联系和必要的创业实践活动，实践性和应用性明显不足。与此同时，高校从事创新创业教育的师资较为匮乏，师资结构不完善。接近60.5%的受访者认为高校内的教师缺少创业经验和相关研究，很少能为大学生创业提供方向明确、措施得力、成效显著的创业指导。硬件配套设施建设跟不上社会发展水平，仅有20.2%的受访者所在高校能够为学生创业提供场地、设备、手续办理、创业咨询等服务，部分高校尚不具备这样的条件和实力，大多数创新创业平台（包括创业实习或实践基地）还在建设之中或仅能提供简单的服务，无法为大学生创业教育提供数量相当、运行规范的实践场所。此外，大学生自主创业的保障机制也不健全，只有10%的受访者所在的高校具有自主创业促进体系运营管理制度，形成较为健全的创业融资渠道以及必要的学校政策支持。

创业青年缺乏对目前帮扶创新创业相关政策的了解是普遍现象。调研结果显示，近七成受访者不了解广东省目前有关青年创新创业的部分相关政策，这一方面是因为这部分创业青年自身缺乏“学好政策、用好政策”的意识，另一方面是因为相关政策的宣传不到位，对走出大学的青年的宣传覆盖力比较有限。各地市、高校对于政策、法规的执行力度较弱，情况不一，仅有部分地市以及高校针对省级政策出台了对应政策与其配套使用，有的地市以及高校对政策的落实还是处于比较初级的层次。目前出台的政策还不够完善，青年群体普遍表示希望政府能够继续出台更多的普惠性政策，使与青年创业工作相关的教育、社会保障、工商、税务、财政、金融、中小企业、科技等部门形成合力，共同支持并促进青年创新创业。

网络留言25：本人是一个创业青年，公司的设立、报税等问题是新公司面临的一个难题，希望国家能给予创业青年正确的指导。

二　创业要素准备不充分

创业资金对青年创业起步或创业扩张都是至关重要的。广东省青少年事业研究与发展中心于2018年开展的一项调研显示，具有创业意向的在校大学生普遍缺乏创业起步资金，处在创业起步阶段的初创团队70.0%的运营资金来自自己的原始积累以及家人、朋友的帮扶。而深度访谈部分小微企业负责人的后台数据显示，56.3%的小微企业运营资金来自银行贷款。银行作为企业，盈利和避险是其主要特征，而青年创业企业具有经营风险较高和发展前途不确定的特点，因此很难受到银行青睐。47.5%具有一定规模的创业项目能够与资本市场对接进行上市融资。数据显示，青年创业者的创业方式以个人独资经营各类小店或场所和自己做代理为主，比例分别为34.4%和28.7%。除此之外，有一部分学历层次较高的创业者（以本科生、研究生为主），多以技术入股其他公司，而独立开公司和合伙开公司的数量较少。可见，青年创业更倾向于从事前期投入成本较低的行业，在很大程度上受到因启动资金不足而无法以独立形式创业的制约。

有66.6%的青年创业者创业的启动资金或注册资本额小于50万元，有18.6%的青年创业者创业的启动资金或注册资本额在50万~100万元，启动资金或注册资本额在100万~500万元、500万~1000万元、1000万元及以上的创业项目数量相对较少，比例分别为9.1%、3.8%、1.8%。而创业启动资金筹集渠道的统计结果显示，100万元以下的创业项目，资金大多来源于自筹或合伙创业，比例为59.8%，而启动资金额为100万元及以上的创业项目，实业家投资、资金则有不少来源于风险投资、银行抵押贷款和小额担保贷款。就目前的情况来看，青年创业的扶持资金非常匮乏，金融服务支持体系不健全。

在创新意识方面，一部分青年创业者个人成熟度不高、缺乏社会阅历、只凭热情而缺乏理性创业、对事物的看法过于理想和对结果的期望值过高、缺乏前期的市场调解与对市场行情盲目乐观的估计等。在创新能力方面，大部分自主创业项目起点过低，科技含量低。创业学生选择的创业项目往往与自身专业的相关性不高，专业能力与优势都没有在项目运营过程中得到很好的体现，因此专业技术和特长在项目中难以发挥。

根据调查，青年创业者从事比例最高的九个行业分别是批发和零售业，住宿和餐饮业，文化、体育和娱乐业，教育，计算机服务和软件业，信息传输、居民服务和其他服务业，租赁和商务服务业，科学研究、技术服务和地质勘查，工业制造业；从事比例最低的三个行业分别是电力燃气及水的生产和供应业、国家与社会管理、水利环境和公共设施管理业。学历较高的青年创业者更倾向于从事高新技术行业，如信息传输、科学研究、计算机服务和软件业，技术服务和地质勘查等，而学历较低的青年创业者则大多从事餐饮业、批发零售业、工业制造业等。

三　扶持青年创新创业的可行路径

充分发挥青年的创新精神和创造力，营造鼓励创新、宽容失败的创业环境。高校是科技型创业的策源地，也是培养创新人才的主要阵地。共青团组织应承担起扶助青年创新创业关键一步的责任，要营造崇尚科技创新的校园文化氛围，培养高校学生的科技创新意识，推动建立系统的创新课程体系，鼓励引导组建青年组织科技创业俱乐部。提供校园与社会之间对接的平台，充分整合群团组织、科技企业、科研机构、政府相关职能部门和媒体，增进创新主体之间的交流，让创业青年在真正进入社会和市场前，能先行一步，探知“冷暖”，最大限度地避免盲目冲动和规避市场风险。高校的共青团组织要发挥“近水楼台先得月”的优势，广泛组织具有科技创新思维、丰富创业实践经验的高校教师、科技人才、创业领军人物、投资人等担任创业导师团队，通过“传帮带”的形式，为创新创业青年提供实战指导。

创新创业，最难得的是经验的传承和榜样的引领。可以通过开展“青年创业奖”“优秀青年企业家”“青年经济人物”“青少年科技创新奖”等各类评选活动，选树一批各类青年创新创业典型，在全社会形成良好的创业氛围。同时应当注意引导理性创业，增强创业青年的风险意识和心理承受能力，杜绝“盲目创业”的“虚火”。特别是在全社会倡导宽容失败的舆论环境，帮助青年树立“功成不在一时”“稳扎稳打”“不经历风雨，怎么见彩虹”的健康创业理念。

逐步完善青年创业的平台与支撑机制建设，实现“勇于创业”到“善于创业”的跨越。在服务青年创新创业中，共青团的优势不在于投资融资、科技转换、项目孵化、硬件供给等，而在于资源人才的整合、平台的搭建和氛围的营造，应该重点聚焦于推动形成青年创新创业共同体，引导优秀的创业青年加入团属青年创新创业社会组织，如青联、青商会、青企协等，以“抱团取暖”的优势驰骋商海。帮助链接资源，可完善各类创业支持平台建设，举办各种形式的青年创新创业交流会、创新创业大赛、创新创业训练营等，为创业青年“练身手”“长本领”提供机会，帮助其迈出从创业理念到创业实践的第一步。做好宣传倡导工作。在“流量为王”的互联网时代，要采用依托现有互联网平台基础的方式，对优质青年创业项目不遗余力地进行推广。同时可以积极开发服务青年创新创业的专门互联网平台，如手机 APP、微博、微信公众号、专题网站、创业电影、创业杂志等，塑造全方位的创业宣传渠道矩阵。积极收集创业青年的基本诉求，维护其合法权益，通过政治协商、政策咨询等渠道，推动有利于青年创新创业的法规的出台与修订，形成保护原创、鼓励创新的制度体系。

青年的创新创业要有广阔的国际视野和世界眼光。当前，中国作为世界上第二大经济体，增长速度举世瞩目，也吸引了各国搭乘共同发展顺风车。共青团组织要引领青年在“一带一路”倡议和粤港澳大湾区建设的国家战略中找到创新创业的商机。既要组织广东的青年企业家走出卖方市场相对饱和的珠江三角洲地区，下沉到三、四线城市，甚至是广大待开发、尚处于初创市场的“一带一路”沿线国家和相对成熟、能成为商业模式“试金石”的我国港澳地区历练，又要汇才引智，将优秀的青年创业人才引进来。依托粤港澳文化相近、地域相邻的特征，多频率开展粤港澳青年创新创业交流活动，加强粤港澳青少年文化交流，开展多种形式的国情体验，实习交流。依托广东传统的贸易优势，开展与“一带一路”沿线国家青年的交流宣传，大力宣传利用广深科技创新走廊，引导创业青年到广深科技创新走廊的平台去创新创业，通过人员交流、文化融合来宣传广东本土文化、介绍广东经贸环境、推介广东人才政策，让各地优秀创业青年深入认识广东、了解广东。

第五节　青年的社会参与和融入

青年政治参与是政党建设和国家发展的一项重要战略。科学完善的青年政治参与政策与机制，是促进国家治理现代化的重要推动力量。青年对个性化发展的追求日益增长，对参与政治活动和公共事务管理的愿望也更加强烈。广东青年的社会参与总体上呈健康协调的发展态势，但在有些领域存在参与面狭窄、参与渠道不畅的状况，青年意见表达缺乏正规、有效的渠道和平台。在参与社会事务的过程中，部分青年存在参与态度模糊、政治参与意识淡薄、团组织的活动频率低、内容单调等问题。

青年意见的疏导不足，容易助长非理性参与情绪的萌生与兴起。可能由于网络政治带来的效能感缺失而导致青年拒斥线下更真实、更重要的政治参与，也可能由于互联网本身的去中心化而导致无序化参与。[①]各类青年社会组织在畅通青年利益诉求表达渠道，为青年参与政治生活搭建平台方面的作用发挥仍不明显。

一　青年对国家政策的认识度和获得感不强

构建主流政治认同的现实基础不牢固。一些青年对国家发展战略和民生保障政策了解不多、感受不强。有读者留言“希望能真心实意把钱真正用于公共建设”“希望政府能实实在在做些长远事，如何留住人才建设家乡？如何让师范生愿意去乡村？”有的青年对社会问题有直观

① 方俊、蒋艳：《技术赋权与人工智能时代的青年政治参与》，《中国青年社会科学》2020年第6期，第19~27页。

的感受，但对于已经实施的政策认知不清，在政策与感知之间出现“政策信息鸿沟”。

部分青年对政策认识度不够，一方面是因为在政策阐述的过程中，仍然以简单的政策语言解读为主，在政策精准度和易传播性之间，政策制定主体通常选择前者，而忽视进行深入浅出的解读。政策文本的“照本宣科”难以切合当前青年快速化阅读的习惯。政策文本多以现成的行政语言发布，缺乏对青年的针对性和亲切感，降低了政策的可到达性。在总结政策成就时，仍然依赖传统媒体的“阵地化”“动员化”宣传路径，即便有些媒体进行了触网的尝试，但所获得的效果仍然不够明显，不够“烟火气”，难以用青年能感知到的感性语言来打动人。而一些自媒体在商业运营中，精准掌握了相关政策的内核和宣传的路径，精心构建画面、音乐和文案相结合的叙述语言，以故事性、体验性的方式受到了青年的欢迎。

另一方面，一些政策在出台过程中难以听到青年的声音。特别是18岁以上的青年，并未被作为政策制定与实施的重点，体现青年优先发展理念，而是和其他政策施行的客体予以同等看待。在关系到青年切身利益的住房、教育、户籍等领域政策出台过程中很难充分征求相关青年的意见。作为青年代言人的共青团组织，在政策制定体系出台过程中未能充分发挥青年政策倡导的整体功能，对各方面政策的联动还不顺畅。一些惠及青年的政策手续涉及更多部门，办理起来比较麻烦，需要耗费较多时间和精力。比如，在青年较为关注的创业活动中，相关部门在注册公司、工商税务、消防证、创业扶持资金申请等事务的办理上都存在指引不清、流程复杂的情况。

有时即便上级政府部门已经出台了一系列推动和服务青年的利好政策文件，但更多的是原则性的规定，缺乏明确的办事指引；有时基层一级办事员都不太明白办理要求和流程，需要反复向上级请示。在当前事权下，优惠政策的落实更多靠市区一级，对于一些条件有限的地区来说，上级推动的政策并没有广泛惠及基层青年。

二　青年的制度化公共参与途径较窄

青年对与自身利益紧密相关的领域的政策关心程度较高。当遇到重大公共事件时，青年往往能在网络社交平台上表达对政府或者政策的意见甚至是不满情绪。从调查情况来看，青年群体的基本政治倾向和政治目标都比较正确，能够拥护中国共产党的领导，但是当涉及自己的切身利益时，则难以在互联网上形成理性的表达。青年网络政治参与的内容还具有聚焦性特征，特别是当某些影响较大的政治类事件发生时，青年网民的政治参与聚焦性表现特别明显。[①]

青年政治参与诉求强烈，但支持青年政治参与的具体制度设计明显不足。基层选举是青年政治参与的最直接途径，但在实际操作过程中对青年群体的参与重视不够。中国人民大学所做的“中国综合社会调查”（CGSS）的结果显示，无论是从参加地方人大选举，还是从参加居委会/村委会选举的情况看，近年来青年投票比例均有所降低。

各级人民代表大会和政治协商会议全体会议，是中国特色社会主义民主制度的重要安排，是凝聚人民意志、谋求最大共识、形成执政思路和制定政策措施的重要途径。每年召开的全国、省、市和区、县的“两会”，是国家和地方政治生活中的标志性重大事件，受到社会各界包括青年群体的广泛关注。

在中国特色社会主义群团制度设计中，共青团是专门代表和维护青年利益的群团组织，发挥了党和政府联系青年的桥梁纽带作用，而“两会”也是桥梁纽带作用发挥的重要渠道之一。一些共青团组织的负责同志被推选为各级人大代表，各级政协更是专门设置了“共青团、青联界别”，使青年发展中比较集中的合理诉求，可以通过人大建议和

① 刘辉、王越、韦文笔：《从社会行动视角看青年网络政治参与行为》，《青年探索》2014年第6期，第12~16页。

政协提案，列入各级党委和政府的议事日程，从中青年参政议政的权利和义务得以彰显。虽然各级共青团组织每年都会针对青年关心的领域做相关调研，并争取将青年的需求纳入政策议事日程中。但中国青少年研究中心的调查报告显示，改革开放以来的40多年中，省、市、县、乡四级人大代表中，35岁以下青年代表所占比例均呈明显下降趋势，近年来情况虽有所改善，但比例仍然比较低。如广东省35岁以下常住人口超过5100万人，但2018省本级当届人大代表中35岁以下的87名，约占代表总数的1/10，和青年人口占总人口的比例有一定差距。2156名十三届全国政协委员中，共青团和青联界别人数为35名，占比为1.6%。[①] 近三届广东省政协委员中，共青团和青联界别人数呈现逐届下滑的趋势，每届都不超过1%（见表3-1、表3-2）。

表3-1 部分往届广东省人大代表年龄占比

单位：人，%

省级单位名称	1988年			1993年			2018年		
	代表总数	35岁以下	占比	代表总数	35岁以下	占比	代表总数	35岁以下	占比
广东省	787	70	8.89	717	70	9.76	796	87	10.9

资料来源：刘智、史卫民、周晓东、吴运浩：《数据选举：人大代表选举统计研究》，中国社会科学出版社，2001，第279页；程景伟：《796名新一届广东省人大代表选出》，中国新闻网，https：//www.chinanews.com/gn/2018/01-22/8430547.shtml。

表3-2 部分往届广东省政协委员中共青团和青联界别委员占比

单位：人，%

省级单位名称	2008年第十届广东省政协			2013年第十一届广东省政协			2018年第十二届广东省政协		
	委员总数	共青团和青联界别委员数	占比	委员总数	共青团和青联界别委员数	占比	委员总数	共青团和青联界别委员数	占比
广东省	950	7	0.74	978	6	0.61	789	4	0.51

资料来源：《广东政协网历届委员名单》，广东政协网，http：//www.gdszx.gov.cn/zxgk/zxld/wymd/。

① 《中国人民政治协商会议第十三届全国委员会委员名单》，中国人民政治协商会议全国委员会，http：//www.cppcc.gov.cn/zxww/2020-05-11/ARTI1589179608333237.shtml。

超过60.2%的青年认同加入党团组织是政治参与的主要方式和有效路径，但在党团组织大幅收紧吸纳新成员政策，青年入党入团越来越难的大背景下，如何更好地满足大部分青年的政治参与诉求成为重要课题。同时制度化安排政治参与的青年群体代表，并不一定自动成为青年利益的代表。中国青少年研究中心开展的一个有7856人参与的网络问卷调查结果显示，只有4.7%的青年表示政治参与的目的是青年群体的利益，有68.1%的青年不满意政治参与的现状。一些受访青年表示“政治离我很远”，超过一半的青年认为民意对党政部门决策作用的影响有限。一些青年表现出的政治冷漠，实质上是对他们自认为难以产生参与效力的政治现象的冷漠。

网络留言26：我们缺少引导青少年树立正确“公民意识”的实际行动。义务教育更应该引导青少年在国家的领导下正确地参与治理国家。我们的教育必须要起到铭记历史、深思政治、融入社会的作用。

自组织及网络政治参与等非制度化参与渠道的影响越来越大。当代青年具有显著地追求个性、“去组织化”和“社会交往泛化”的特点，自组织和互联网恰好满足了这种需求。各种网络虚拟自组织如网红圈群、游戏圈群（游戏公会）等日益成为当代青年社会交往和政治参与的重要载体，这些新的组织形态对青年价值观念、行为选择的影响不可估量。大量网络空间和圈群具有很强的封闭性，还有私密的交流设定，监控难度大。群体多通过QQ群、微信群、微博群等进行组织，为思想引导工作带来较大难度。网络社交平台、个人空间的“众声喧嚣”和主流网站的清朗空间形成强烈对比。

国家和广东省的中长期青年发展规划，均将青年优先发展作为重要原则。而作为未来主人翁的青年，学会有序参与国家政治生活，合理合法反映自身诉求，是青年优先发展这一理念的题中之义。广东中长期青年发展规划中明确提出“支持共青团、青联代表和带领青年积极参与人大、政府、政协、司法机关、社会有关方面的各类协商，就涉及青年成长发展的重大问题协商探讨、提出意见、凝聚共识，充分发挥政治参与职能”这一原则性安排，应尽快在做法上做出探索和安排，推动创新性实施，并及时评估青年制度化的参与成效。

三　拓展青年社会参与和社会融入的可行路径

第一，拓宽青年有序参与政治的渠道。健全各级人大代表、政协委员青少年事务联系机制，加大吸纳优秀青年代表进入各级人大、政协的力度。各地区、各部门设立的各类面向社会和各界群众的议事协调机制，注意吸纳青年群众代表。建立健全党委政府重大政策制度出台听取青年群众意见的常态工作机制。

近年来，青年通过网络表达利益诉求的数量大幅增长，其中政治权益类、就业创业类和教育发展类议题关注度较高。青年的政治主体性逐渐凸显，政治权益意识逐渐增强，现实生存需要是诉求的主要原动力。[①] 要探索在体制上将网络参与规范化、制度化，通过建设完善的网络意见平台，引导青年正确理性发声。更为重要的是，要及时收集青年的需求并做出反馈，避免青年因为自觉“发声无用”而对正式渠道丧失信心。

第二，强化以共青团为主导的青年组织体系的政治设计。发挥各级共青团、青联、学联和各类青年社会组织的作用，畅通青年有序参与政治生活和社会公共事务的渠道。明确推优入党的顶层设计，实现团组织为党组织输送新鲜血液的规范化和制度化。出台文件进一步落实推优入党的政治原则和具体安排。出台刚性制度，集中力量推动大型非公企业建团，明确团员聚集的已建党非公企业必须建团，最大限度地扩大共青

① 靳娜、张爱军：《青年网络政治参与的多元诉求与内在张力——基于中青网的大数据分析》，《中国青年社会科学》2020 年第 3 期，第 59~66 页。

团组织在青年生产、生活空间的覆盖面。

第三，着重引导适龄青年群体形成积极正确、努力向上的入团入党动机，正确理解共青团员和共产党员的先进性。重点关注超龄退团青年群体对党团组织的正确认识，以党团组织为主要抓手，发展青年积极进行政治参与和社会参与的意识。关注并健全体制外青年和流动青年群体中的党团组织建设，完善在私企、外企、社会组织等单位工作的青年的基层党团建工作。

第四，引导青年投身基层治理领域，参与社会事务，拓宽青年有序参与基层治理的路径。在发展社区志愿者的基础上，探索采用社区议事会、社区兼职等形式，充实基层工作力量的同时，让青年更加直观地感受基层治理的工作机制，体会基层工作的急难险重，从而在社会政治参与和自身权益维护等方面，具备更多的同理心和更强的理性思考能力。

第四章　枢纽与理念：广东省级层面青年发展规划实施工作

政策的执行效度，取决于其合理性、稳定性和公平性。[①] 国家《规划》是全国层面的综合性政策，具有较强的宏观指导性。但由于中国幅员辽阔，区域发展存在较大的差异，部分政策条文属于原则性规定和规范性的倡导，因此在执行过程中需要和省域内的青年工作实际相结合，并在某些条款上加以细化。

第一节　广东中长期青年发展规划的制度设计

广东较为特殊的省情和较为复杂的青年发展情况都决定了广东的青年政策方案编制工作将是一项极度科学化、专业化和具有强烈实践倾向的工作。这种科学化、专业化和强烈的实践倾向不仅仅体现在对学术理论的理解上，更体现在对当代中国政治社会现实的深度认知。“为学日益，为道日损。”对于中国的青年政策，青年研究的学者们当然可以进行多源流的政策阐释和丰富详尽的理论解读，然而对于青年工作辅助机构的智库来说，它们需要沉下心来进行实际调查，需要耐心进行有效沟通，更需要化繁为简地运用政治艺术。青年研究理论家可以相对自由地

① 丁煌：《政策制定的科学性与政策执行的有效性》，《南京社会科学》2002 年第 1 期，第 38～44 页。

为研究而研究，为学术而学术，选择符合个人研究兴趣的问题畅谈理论和假设，而辅助决策团队编制政策的最终目的是为公共社会的稳定和发展大局寻找一个切实可行的具体行动方案。方案的编制牵涉各方的现实利益，这就要求政策的编制除了考虑科学合理之外，还要考虑政策具有可操作性和强烈面对社会现实的特点，在应然和现实之间寻找微妙的平衡。

大体来说，广东《规划》的出台经历了调查研究、撰写文本、征求意见、修改完善文稿四个阶段。值得注意的是，这四个阶段遵循大致的时间顺序，但同时彼此交叉进行，即在成稿过程中，不断根据新的调查研究和征求意见结果进行补充和吸纳。

因此，广东《规划》编制团队建立后，在一开始的政策文本编制过程中，以全面获取全省青年发展状况的信息为首要任务。这个首要任务主要分为四大部分来完成：第一，对青年发展状况进行全面扫视，包括在全省进行青年人口数据抽样调查，全面摸清全省的青年人口信息状况；第二，对典型地区进行深入蹲点调研；第三，商请相关部门或团体提供青年信息；第四，通过非正式沟通获取青年发展状况的信息，以及解决问题的现实可能路径或方案。

一　青年政策文件形成的几个阶段

（一）深入调查研究阶段

2017 年 5 月，共青团广东省委启动规划编制工作，成立专项工作领导小组，组建起草团队，制订详细的编制计划。调查研究阶段主要开展了以下工作。一是文献和基础数据研究。青年发展的基本情况是政策的起点。广东《规划》起草团队从与青年工作紧密相关的教育、人社、统计等省直部门调取大量青年发展基础数据资料，为规划编制提供数据支撑，这是确保规划政策文本符合广东发展实际的科学前提。二是组织课题组集中攻坚，按照既有工作分条块战线开展广东青年工作基本状况、广东青年人口状况等专题调研，摸清省内青年底数，并形成系列专题调研报告。三是先后召开20次专门会议、5场专家论证会、10场调研座谈会，收集专家学者、青年实务工作者、基层一线青年对广东《规划》的起草建议，充分整合青年政策各相关主体的实践经验，保障了青年政策的可行性、有效性和针对性。

（二）起草政策文本阶段

广东《规划》以国家《规划》为重要标尺，广泛吸收其他省份制定和实施青年发展规划的先进经验，结合广东青年实际，扎实起草规划稿。在共青团广东省委层面，由书记班子牵头，先后十余次召开书记办公会、规划专项工作领导小组会议等，反复研究修改后形成广东《规划》初稿。广东《规划》初稿有机结合了广东共青团的现有工作，并通过对广东青年发展趋势的判断，制定了具有前瞻性的政策目标，提出"到2020年，符合广东实际的青年发展政策体系和工作机制初步形成，广东青年思想政治素养和全面发展水平进一步提升，在决胜全面建成小康社会、开启全面建设社会主义现代化新征程的生力军和突击队作用得到充分发挥。到2025年，具有广东特色的青年发展政策体系和工作机制更加完善，广东青年思想政治素养和全面发展水平明显提升，不断成为志存高远、德才并重、情理兼修、勇于开拓，堪当实现中华民族伟大复兴中国梦历史重任的新时代青年"。

青年参与是科学编制青年发展规划的必要条件，是有效落实青年发展规划的重要保障。在青年发展规划编制实施过程中，青年参与的方式包括专题调研、意见征集与宣传推广、座谈会、听证会、青年代表咨询等。重视青年发展规划中青年参与制度、程序、基础工程的建设和保障，注重基于协商民主的价值观完善青年参与的制度设计，注重培养和提升青年的参与能力和水平是完善青年参与的重要措施。在具体操作过程中，广东中长期青年发展规划起草组尽最大可能扩大征求意见的范围。一是广泛听取青年群众意见。依托“广东共青团”微信公众号的850多万名粉丝，完成了近17万份青年样本的问卷调查，有超过1.5万名青年提交了详细建议，确保了政策文本的群众性基础。二是听取团代表意见。在2018年5月共青团广东省第十四次代表大会召开期间，请参会的团代表集中对《规划》稿进行研究讨论，共向大会提交了466份意见提案，确保了政策的可行性基础。三是充分征求省相关职能部门意见。先后向规划工作所涉及的相关职能部门征求了4轮意见，收集意见建议167条，并对其逐一认真做了研判和吸收，确保了青年政策的横向衔接性。四是将政策提请共青团中央评估。共青团中央予以高度肯定，认为《规划》稿立足广东实际，在国家《规划》的基础上提出了具体管用的措施，“很好贯彻了党中央和国务院的相关要求，具有较强的针对性和开创性”，确保了青年政策的纵向衔接性。

和国家《规划》一脉相承，广东《规划》分为以下几个部分。第一部分是总体要求，包括规划的指导思想、基本原则、政策目标等。在国家《规划》指导思想的基础上，与时俱进地加入了“全面贯彻党的十九大精神和十九届二中、三中全会精神，深入贯彻习近平总书记视察广东重要讲话精神”等党中央最新要求。第二部分是发展领域、发展目标、发展措施，包括青年思想道德、青年教育、青年健康、青年婚恋、青年就业与创新创业、青年文化、青年社会融入与社会参与、青年权益与预防犯罪、青年社会保障9个领域共41项具体举措，逐条明确了牵头单位和参与单位。其中“青年就业与创新创业”部分为国家《规划》“青年就业创业”的扩展，“青年权益与预防犯罪”部分为国家《规划》“维护青少年合法权益”与“预防青少年犯罪”的合并内容。广东《规划》还创新性地设置了“加强青年生命教育和安全教育”“提升青年创新能力”“深化青年志愿服务和公益行动”“促进青年交流与合作”“保障青年劳动者的劳动权和休息休假”“关心帮助退役青年军人融入社会”等特色内容。第三部分是组织与实施。要求建立规划实施的部门联席会议机制，明确地级以上市也要制定相应规划，并对保障青年发展投入、建立指标监测机制、协调推进和督导落实等提出了要求。

二　青年政策设计中的团青新型智库参与过程

在广东《规划》编制过程中，广东省探索青年发展政策的“供给侧改革”，尝试吸纳人员相对稳定、专业、高效的团青新型智库参与青年发展政策的制定。

此处所指的团青新型智库，是在逐步发展形成的团属青年发展服务体系中，既与共青团的业务紧密相关，又能运用相对独立的身份，以相对专业、客观和科学的方式，在共青团推动青年发展政策成文过程中提出有预见性、可实践性建议的政策研究机构。团青新型智库实际上是共青团的政策智囊。在长期从事青年群体和青年工作研究的基础上，团青新型智库能根据历史经验和社会现实，建立青年事务信息数据和理论模型，形成参考报告，供决策部门参考。

一方面，团青新型智库以直接参与青少年法律法规和政策制定的方式，或者以间接影响政策制定者的方式，参与到青年发展规划的编制过程中去，发挥积极作用。另一方面，团青新型智库负责在总结青年发展政策和青年发展规划制定规律的基础上探索新思路、新方法和新思维，为未来的青年工作提前谋划，传播思想。团青新型智库在青年发展规划制定中的另一个重要职能是通过自身的专业定位，通过与舆论进行有效的沟通，进而影响社会，为政策的实施有效凝聚共识。在目前的政治生态下，团青新型智库主要通过报告、内参形式，起草政策文本等影响决策者。

广东共青团在此次广东《规划》的编制过程中，以由隶属于广东青年职业学院（广东省团校）青少年研究所的青年研究负责人跨部门挂职的方式，通过运用负责人个人影响力的途径，将共青团所属的广东省青少年事业研究与发展中心和广东青年职业学院青少年研究所等以前相对独立和分散的团内智库机构整合为实质上的统一团队。这种不造成主要机构变动的挂职形式，兼顾现实需求和原有状况，在目前的政治生态下，可以说是最合适的选择。

在规划编制过程中，广东青年研究团队历任负责人和曾经参与广东青年政策制定的资深青年研究者和工作者都积极参与，为广东的青年发展事业献言献策，确保青年发展规划与以往青年政策的无缝衔接。特别是长期从事团青政策工作的离退休老干部和老一代青年研究工作者有着丰富的理论知识和实践经验，在广东《规划》的制定过程中发挥了重要作用。这就确保了维护青年发展权益的基本举措和重要政策都有所延续，不“翻烧饼”，但为青年而继承，不为“求新”而善变。

在广东《规划》的制定过程中，团青新型智库在全职专业人才的研究人员之外，还充分运用课题申报、项目招标等办法，广泛调动社会各界关心和支持青年发展的力量参与青年发展研究，作为青年发展规划基础信息数据和理论指导的有机补充。广东省青少年研究课题立项，凝聚了一大批课题或项目，吸引各地团委、各高等院校、各青年研究机构广泛、深入、专业地参与团青新型智库。这些课题或项目包含了青年网络引领、青年红色旅游教育、新媒体时代青年工作、青少年越轨行为、青年群体道德、青年创新思维培养、新阶层青年群体、港澳青年政治参与等方面。以此为契机，在广东团省委的支持下，团青新型智库召开了广东青少年发展研讨会暨广东省青少年研究课题主持人学术交流会、大湾区青年政策专题研讨会等专项学术活动，将省内外分散在各地各行业的青年研究工作者聚集在一起，共同研究青年发展问题。

针对青年发展的具体问题，团青新型智库通过新媒体，着力解决对青年的有效覆盖和实质凝聚问题，在网上找到青年，在网上联系青年，开展了电子政务（E-Governance）沟通的生动实践。共青团广东省委通过“广东共青团”微信公众号、“广东青年之声”综合服务平台发布广东《规划》网上调查问卷，并就规划的相关问题公开征求建议，使专业性极强的规划性文件起草工作，以生动的方式呈现。众多青年积极参与，提出了上万条极具参考性的建议。

共青团广东省委依托组织优势，通过跨部门的沟通联络协调机制，充分调动各职能部门领导参加广东《规划》的讨论工作，围绕各自负责的青年问题畅所欲言、表达观点。在咨询建议的各个环节注意将青年发展规划的要点和方向加以突出，在政策方向大致确定的基础上整理、综合和简化为精要条目，根据自身部门的工作实际进行细化和操作化。在此过程中，共青团广东省委领导高度重视，智库专业人员旁听吸纳建议，各部门工作人员踊跃发言，提出书面意见。同时进行对具体经办部门的深入访谈，发现政策文本的局限性，增进政策的可执行性和针对性。

在对青年发展信息充分掌握的基础上，最终形成了对广东青年发展状况的总体评价和规划起草的重要依据：改革开放以来，广东在青年工作方面取得了长足的进步。但是，广东青年工作在特定历史地理条件下也面临着现实问题和新的挑战：珠江三角洲地区、粤北山区、东西两翼地区青年发展状况不平衡。广东青年教育水平与经济社会发展状况不协调。青年就业创业问题、青年流动人口问题、农村青年的城市融入问题需要进一步解决。

通过回顾青年发展规划的编制过程可以发现，政策主体编制的政策方案强调通过规划中的现实性和技术操作中的专业性制定出一个有侧重的、有限的、考虑政治现实的、带有强烈实践理性的政策方案。在政策制定的过程中，构成方案的基本单元的一个个具体的政策条文是不是可行、在何种范围内可行、如何构成证伪的条件，政策主体对此应该有较为清醒的认识。这种认识一方面有赖于对信息数据的综合研判，另一方面有赖于对政策的本质和政策过程必然要经历的阶段有清晰的认识。这样有助于增加政策方案的合理性，制定出具有未来眼光、符合大局的政策方案。

广东《规划》编制团队在文本编制过程中通过正式或非正式沟通较好地保持同上级党政领导、相关党政部门工作人员的联系，利用线上新媒体工具、线下活动积极进行与青年群体的互动，因此能够在信息获取、资源争取、文本编制和征求意见中赢得先机，从而通过上书言事、舆论沟通得到党政领导和社会各界的关心和帮助，这也是对政治生态、社会现状和人性深刻洞察后对和合模式充分运用的生动体现。先致力于与相关各方具体人员建立密切的互动和联系，再致力于部门间就青年发展问题达成共识，让规划成为这些联系、共识的自然结果的文本体现，是此次广东《规划》文本编制过程中最关键的战略抉择。

三　青年政策文件纵向扩散的几个导向

总的来说，在广东《规划》制定过程中，政策文本遵循了政治性、适地性、适度性和前瞻性四个导向。

（1）政治性导向

中国实行社会主义制度，青年政策要将青年的政治引领内核融入各方面的具体措施之中，我们推动青年发展的最终目的是为党培养中国特色社会主义事业的合格建设者和可靠接班人。因此，在纵向扩散上，首先应注重政治性导向，将“党管青年”原则贯穿于政策文本中。作为改革开放前沿阵地的广东，由于特有的地缘环境，各类思想交汇尤为突出，守好意识形态“南大门”的任务比较迫切。青年是最活跃的群体，以青年为对象的政策在创新上，对政治性的强调是题中之义。

在谋篇布局上，广东《规划》将习近平总书记视察广东重要讲话精神同团中央新一届领导班子成员集体谈话时的重要讲话精神作为主线，在加强青少年思想引领上制定了具体举措。如在加强理想信念教育上，提出“深入开展共产主义、中国特色社会主义和中国梦学习宣传教育，开展习近平新时代中国特色社会主义思想学习教育”“普遍设立中学团校，深化团队衔接和推优入党工作”“积极培育和规范大中学校思想建设类学生社团”。在培育和践行社会主义核心价值观上，提出“深化最美南粤少年等群众性推荐活动”“推动开展年满十八周岁的公民对国旗宣誓的成人仪式”“推进青年信用体系建设，推动党政群团组织及相关专业机构的青年数据资源开放共享”。在加强网上思想引领上，提出“加强广东青年大数据建设和利用，强化主流网络舆论阵地的价值引领”“加大对弘扬社会主义核心价值观和时代正能量的网络文化产品的生产投入，引导各类自媒体健康发展”“将网络素养教育纳入学校课程和教材建设内容”。

（2）适地性导向

国家政策面向全国范围，要兼顾各地工作基础和发展阶段的不均衡。因此，相关条款的制定过程集中了中央各部委，特别是共青团系统的全国性项目计划和工作指导，除了规定必须完成指标的“指定动作”外，还有大量的政策创新弹性空间。有的是待细化的整体任务，有的是原则性的规定，有的是理念性的鼓励，还有的是倡议性的要求，需要各省级及以下党委、政府根据自身发展情况予以细化和具体化。

广东《规划》基于对省情的科学研判，制定了符合广东青年特征的系列措施。比如，针对广东区域发展不均衡的现状，提出“加大公共教育投入和优质教育资源向粤东粤西粤北地区和贫困乡村地区的倾斜力度”“大力实施‘乡村教师支持计划’，全面加强乡村教师队伍建设”“深入开展农村青年创业致富带头人培养，支持青年返乡创业”。针对青年人口流入大省的现实，提出“进一步落实进城务工人员随迁子女在当地接受义务教育并参加升学考试政策”“继续深化实施‘圆梦计划’，培养新生代产业工人骨干力量”“鼓励支持非户籍常住居民参加村（社区）‘两委’选举，不断拓宽外来人口参与社会治理的途径和方式”。针对互联网经济文化产业活跃的现状，提出“引领网络文化，保护网络文化知识产权，扶持高质量网络文化产品生产，加强微电影、动漫、游戏等内容创作创新，提升优秀网络文化产品供给能力和传播能力”“加强网络领域综合执法，严厉打击各类涉青少年网络违法犯罪，以网络视频、网络直播、网络游戏等为重点，定期开展‘净网’专项整治行动，坚决斩断违法有害信息传播链和利益链”。从侨乡密集的地域特点出发，提出“健全吸引留学青年人才来粤就业创业的制度机制，加强对归国留学青年的服务和凝聚”。

（3）适度性导向

政策文本的科学拟定和有效实施，在很大程度上是基于对政策适用对象的精准研判和对现行政策框架的衔接耦合的。作为一项综合性、管长远的政策，青年发展规划的纵向扩散应当“进退有据”：一方面，要对业已存在的政策措施有充分的兼容，避免因为太“冒进”而产生政策冲突，导致因没有配套资源而成为“一纸空文”；另一方面，必须根据时代的发展和规划的固有特征而有所创新，不能因为部门间的利益博弈而成为从属于已有政策的“传声筒”，使政策创新程度和发挥的效能不足。

青年规划是综合性规划，是各个领域关于青年发展促进和青年福利政策的汇总，是社会总体福利的有机组成部分，执行主体跨越多个部门。社会福利的幅度必须在社会总体财富分配的可控范围内，并且随着社会经济的形势而进行调整。过高的社会福利有可能抑制社会活力，以至于成为“福利陷阱”。① 但如果规划的措施中所蕴含的增量福利措施较少，那么政策实施的成效和政策对象的获得感就大打折扣。因此，在制定面向青年的具体福利措施上，必须考虑将其有机嵌入社会经济发展的总体框架中。

---

① 李中建、刘晨辰：《高福利、福利陷阱与我国福利建设》，《河南工业大学学报》（社会科学版）2019 年第 5 期，第 50~57 页。

对于一些反映较集中的需求和青年民生问题，广东《规划》也做了回应。如青年反映较为强烈的住房问题，牵一发而动全身，需要调动全方位的资源予以解决，而且成效不是一朝一夕就能看得见的。广东《规划》在政策文本中并未脱离实际情况，而是将已有的政策作为基础，做出“落实国家公租房保障制度，将符合条件的新就业无房职工、外来务工人员纳入保障范围。鼓励和支持有条件的用人单位为本单位新就业青年职工提供过渡性住房”的原则性和倡议性的陈述。但是在后续的工作实践中，共青团广东省委和广东省住建厅推出“青年安居计划”高校应届毕业生住房保障服务行动①，将广东《规划》关于住房的政策文本细化成“建立面向应届毕业生的货币补贴与实物保障并举的住房保障服务体系”“丰富实物保障供应主体，充分利用社会化租赁住房”“加强住房信息化建设，拓宽住房保障信息宣传渠道”“推进住房行业规范化建设，加强住房安全宣传保障”4个方面的具体措施，从而进一步提升了青年政策文本的效能转化。

文件提出“各地每年要组织开展住房需求调研，帮助解决当地当年高校应届毕业生住房状况，帮助解决住房问题”“要充分运用货币补贴和实物保障等方式多渠道为高校应届毕业生提供住房保障服务”，将政策目标设定为“力争到2022年基本实现珠三角地区城市每年新增公共租赁住房和人才住房面向高校应届毕业生的比例不少于20%，非珠三角地区城市不少于10%”，同时将一些地区业已开展的探索性做法制度化，规定“支持各地筹建青年人才驿站，为来粤求职高校应届毕业生提供不少于7天的免费住宿”，并要求“通过规范中介机构房源信息发布、打击社会上租房不良行为等形式，加大对住房租赁领域乱象的治理力度和市场监管力度”，及时对住房长租市场乱象和“爆雷”做出政策反应。该计划累计供应新就业无房职工和青年人才公租房、人才房共

① 《关于开展“青年安居计划”高校应届毕业生住房保障服务行动的通知》，广东共青团官网，https：//www. gdcyl. org/upload/file/20201230/16093172423447996. pdf.。

逾21万套，发放购、租房补贴约6.07亿元，为港澳青年配租人才公寓424套，发放租房（租金）补贴金额353万元。

（4）前瞻性导向

中长期青年发展规划所谋划的是当下及今后一段时间本区域内青年的工作，每一级的政策文本均须经过立项调研、科学论证、公众建议等反复修改过程，经历的周期较长，因此在立项过程中就应当树立前瞻性导向，应避免将其作为已有政策的汇总，而是要立足当前及今后一段时期的经济社会发展水平，加强对青年群体和青年工作的调查研究，形成对青年发展趋势和规律的科学研判。

比如，粤港澳大湾区建设于2017年，首次被写入中央的《政府工作报告》，两年后《粤港澳大湾区发展规划纲要》公布，为广东在港澳青年工作的创新发展划定了框架，描绘了“前瞻性”的路线。因此，广东《规划》将粤港澳大湾区青年工作作为创新单元，单列“推进粤港澳大湾区青年交流融合”一节，提出要“会同港澳办好粤港澳大湾区青年高峰论坛”“深化实施‘青年同心圆计划’，做实粤港澳青年行动联盟，依托南沙、前海、横琴自贸区等，建设青年家园、创业基地等港澳青年综合服务阵地，开设港澳青年专线”。又如，加强自主创新能力是广东从劳动密集型经济结构向以创新科技、核心科技为主发展的重中之重。青年政策立足于青年发展的前瞻，应当将推动青年发展和青年科技创新作为清晰的政策指向。广东《规划》着重强调青年创新与创业，服务广东高质量发展，培养战略前沿领域青年人才，提出“统筹‘攀登计划’广东大学生科技创新培育专项资金支持青年学生开展科技创新活动，鼓励高校给予配套支持”“坚持自主培养开发与海外引进并举，吸引海外高层次青年人才和急需紧缺青年专门人才”，瞄准“把广东打造成海内外青年人才就业发展与创新创业的首选地”的政策定位，从而将青年政策的实施目标融入经济社会发展的宏观趋势。

第二节　广东中长期青年发展规划的制度落实

在广东《规划》的文本出台后，广东省按照国家中长期青年发展规划部际联席会议第一次、第二次、第三次会议精神，不断加强规划落地的机制设计，已经基本构建广东省青年发展规划实施的“四梁八柱”，为相关领域标志性青年政策转化提供了较为坚实的基础。

一　“党管青年”工作格局基本形成

国家青年发展规划明确提出“坚持党管青年原则”，这是党的青年工作理论的重大创新。广东青年发展规划出台后，各级党委抓青年工作的力度明显加大，党管青年的机制不断健全。广东省委分管领导、省政府联系工作领导带头研究青年工作，出席共青团和青年活动，解决青年工作的问题和困难。省委常委会、省委理论中心组学习会、省政府常务会议多次传达学习习近平总书记关于青年工作的重要讲话和指示批示精神，定期听取青年工作汇报，研究青年重大议题，示范带动全省各地参照执行，党委领导、政府主责、共青团协调、各方齐抓共管的党管青年工作格局基本形成。

广东在全国率先联合省委审计委办公室将“落实中央及省关于青年和共青团工作重大决策部署”纳入政策跟踪审计专项，把“青年发展规划实施工作情况”作为其中跟踪审计的核心指标，以审计促进党管青年原则整改抓落地落实。主要审计的事项有：①市本级是否出台了中长期青年发展规划；②市、县（区）是否按要求正式建立了中长期青年发展规划实施工作联席会议机制；③是否召开了中长期青年发展规划实施工作联席会议；④是否计划将本地中长期青年发展规划纳入本地“十四五”规划；⑤是否落实在本级国家机关、国有和国有控股企业、财政拨款的事业单位和社会团体提供大学生实习见习岗位，出台有关支持青年住房的专项政策。首次审计预算已经在 8 个地市展开，而且根据计划，该项工作将在 2023 年以前实现对广东 21 个地市的全覆盖。

二　初步建立省、市、县三级青年工作联席会议机制

经过征求意见和报送请示等环节，广东于 2019 年 10 月印发了省级青年工作联席会议制度和联席会议名单，明确省委分管领导和省政府联系工作领导担任联席会议召集人，省委宣传部、省委统一战线工作部、省委政法委员会、省委网络安全和信息化委员会办公室、省发展和改革委员会、省教育厅、省科学技术厅、省工业和信息化厅、省民政厅、省司法厅、省财政厅、省人力资源和社会保障厅、省农业农村厅、省文化和旅游厅、省卫生健康委员会、省体育局、省统计局、省人民政府港澳事务办公室、省社会科学院、省总工会、团省委和省妇联 22 家单位为联席会议成员单位，清晰梳理了各自在规划实施工作中的职责任务，并确定了每个单位一名副厅级领导担任联席会议成员，一名正处级同志担任联络员。2020 年 10 月，由于工作需要，省公安厅、省住房和城乡建设厅、省残联作为新成员被纳入联席会议，成员单位增至 25 个。与全国中长期青年发展规划实施工作部际联席会议成员单位相比，广东新增了统战、政法、科技、工信、司法、农业农村、港澳、工会和妇联等部门。在青年统战、青年创新创业、青年均衡发展、港澳青年工作等具有广东特色的青年工作领域确保都有相应的职能部门深度参与，从而保证政策与各领域既有的政策实现有效衔接，各领域创新政策也因顺畅的沟通而发挥更大效能。

建立联席会议机制后，广东不断增强日常沟通协调机制。发挥联席会议办公室牵头抓总作用，督促各成员单位按要求抓好落实，定期向省委省政府报告工作进度。先后印发 6 期专门简报推广经验案例，以联席会议名义沟通各厅局发文累计超过 100 次。通过对广东《规划》的政策文本进行“再梳理”，广东省制定了各个联席会议成员单位的职责分

工并形成了联席会议全体会议正式文件，职责任务分工围绕广东《规划》总目标和各领域措施，制定了阶段性的任务分工，初步建立起职责明确、目标清晰、配合协调、运转有效的青年工作格局。要求各单位注重将自身工作与广东《规划》实施相结合，在政策设计上加强与广东《规划》的政策协同，在工作部署上加强与其他成员单位的联动，不断提升青年工作的系统性、协调性和统一性，从而在横向的措施和纵向的职能下，形成青年发展工作项目的精准归属。

2020 年 9 月 29 日，广东省中长期青年发展规划实施工作联席会议第一次全体会议在广州召开，会议审议通过了《广东省中长期青年发展规划实施工作联席会议成员单位职责任务分工》《广东省中长期青年发展规划统计监测指标》《广东青年民生实事项目（首批）》3 个文件。广东《规划》出台和省联席会议成立以来，各联席会议成员单位通力合作，稳步推进各领域青年工作，取得了积极成效。

第三节　广东中长期青年发展规划各领域工作落实

在“青年优先发展”的理念下，共青团广东省委积极协调抓总，各联席会议成员单位加强协同、联动顺畅。规划工作的实施，使广东各领域青年工作取得了新成效，青年发展明显提升，不少政策文本成为标志性的政策成果，可以说基本实现了中期设置的政策目标。

一　青年思想政治引领成效明显

广东围绕新中国成立 70 周年、五四运动 100 周年、少先队建队 70 周年以及疫情防控等重要节点和重大契机开展丰富多彩的教育引导和实践活动，在 2020 年全年，广东全省动员了 19.1 万名注册志愿者、6779 个志愿服务组织投身疫情防控志愿服务，累计服务时长超过 591 万个小时，青年“四个自信”明显增强。青年大数据系统日趋成熟完备，网上青年工作走在全国前列，传播力引导力日益增强，广东青年新媒体矩阵影响力在微信、微博、抖音、快手、B站等主要青年网络阵地名列前茅，其中共青团广东省委运营的8个新媒体平台粉丝总数超2800万，“广东共青团”微信公众号粉丝超800万，新媒体影响力指数位居全国前列。“广东共青团”bilibili账号影响力在全国省级共青团中位列第一，在全省政务及媒体领域位列第一。推出一系列深受青少年喜爱的图文、条漫、视频，发布推文1513篇、阅读量达9.08亿次。推出视频1419个、播放总量超153.24亿次，资讯8075条，浏览量突破20.4亿次。深化学校思政课程改革创新，推动实施党政领导干部常态化为师生讲思政课等16项举措。累计建成新时代文明实践中心（所、站）10317个，在21个试点县基本实现县、镇、村三级全覆盖。选树33687名县级、5672名市级、60名省级“最美南粤少年”，遴选54名广东“向上向善好青年”，4人当选全国“向上向善好青年”，为青年树立道德标杆。①

二　青年教育文化普惠均衡发展

促进教育优质均衡发展。实施义务教育薄弱环节改善与能力提升工程、农村寄宿制学校建设工程，提升农村义务教育发展水平。建立健全高中学生综合素质评价工作机制，加强体育美育劳动教育。推进薄弱县普通高中及中职学校改造提升工作，广东全省高职院校扩招12万人以上，高等教育毛入学率提高4个百分点。扩大“希望乡村教师计划”实施规模，2019年以来累计派遣1826名支教志愿者，服务于粤东粤西粤北57个县区的741所学校。启动实施“广东技工”工程，承办首届全国职业技能大赛。已建成国家级高技能人才培训基地和国

① 文中数据来自2020年广东省中长期青年发展规划实施工作联席会议第一次全体会议文件和各职能部门公开工作数据。

家级技能大师工作室各 29 个，创建全国一流技师学院 3 所、国家职业训练院 3 所、高水平技师学院 10 所。一批优秀青年工匠在世界技能大赛等舞台崭露头角，为国争光。2019 年，“广东特支计划”培养选拔了 100 名科技创新青年拔尖人才、16 名青年文化英才、10 名宣传思想文化领军人才。鼓励高校优秀青年人才积极开展高水平科研工作，扎实推进文化强省建设，常态化举办“南国书香节”、网络文化精品宣传推广、艺术精品惠民巡演等大批惠及青年的文化精品活动，累计规划广东省历史文化游径 64 条，覆盖历史文化和旅游资源点 487 个。

三　青年体育健康事业稳步推进

2019 年，广东新增各类体育场地设施 1458 个，社区体育公园 163 个，社会足球场地 405 块，切实保障青年运动需求。2018 年以来，全省共开展 45 个运动项目 289 场的青少年体育冬夏令营活动，共计 68205 名青年积极参与。开展高校大学生心理健康教育与咨询区域中心、中小学心理健康教育省级示范区创建工作。开展全省青少年心理健康系列调研，组建由 600 多人组成的广东省 12355 心理健康志愿服务队，试点启动“一校一青少年社工”项目。深入开展学生溺水问题、中小学生欺凌、校车安全、校园消防安全等专项整治。累计投入 1.6 亿元推进消除艾滋病、梅毒、乙肝母婴传播项目，免费为孕产妇提供咨询、检测服务，目标人群检测率保持在 99%以上，做到早发现、早诊断、早治疗，提高妇女保健意识，提升妇女健康水平。

四　促进青年就业与创新创业举措得力

多措并举做好青年“稳就业”，7 家省直单位共同开展“空中双选会”，举办线下专场招聘活动 435 场次，发布 42.3 万个岗位，服务 7.3 万高校毕业生就业。截至 2020 年 8 月底，全省高校毕业生就业率超 85%。落实“促进就业九条”，从失业保险基金提取 35 亿元用于创业担保和贴息支出，开展补贴性职业技能培训 118 万人次。“攀登计划”实施规模进一步扩大，资助 5000 个科创团队，获 1673 项专利、200 个国家级奖项。加大退役军人就业创业扶持力度，落实专项补助经费 1.1 亿元，举办退役军人专场招聘活动 166 场。激发市场主体双创活力。深化商事制度改革，优化压缩企业开办流程，“证照分离”分类改革实现全省全覆盖。严格落实重点群体创业就业税收优惠申报即享受政策，全省 90%以上业务实现网上办理，让就业创业青年切实感受“放管服”改革的红利。聚焦投融资服务、创业辅导及交流、创赛对接服务，近三年“中国青创板”新增上板 2631 家。

五　粤港澳大湾区和粤港澳青年交流蓬勃发展

“湾区通”工程推动三地规则衔接，大湾区高端紧缺人才个人所得税优惠政策全面落实，建筑、旅游、医疗等职业青年资格认可取得新进展。与港澳共建 13 家青年创新创业基地，累计吸纳近 400 个港澳青年创业项目入驻孵化。港澳大学生来粤实习人数规模逐年扩大，粤港澳青年文化之旅、文体艺术节等活动影响力日益扩大。

六　青年权益维护和困难帮扶工作机制更加完善

推动出台《广东省学校安全条例》《广东省实施〈中华人民共和国反家庭暴力法〉办法》等法律法规，下发《加强中小学生欺凌综合治理方案的实施办法（试行）》，并将《广东省未成年人保护条例（修订草案）》《广东省预防未成年人犯罪条例（草案修改稿）》《广东省家庭教育促进条例》列入立法计划规划。实施新时代广东乡村青少年健康成长“两帮两促”行动，组织 5000 名大学生志愿者线上支教 3083 名相对贫困青少年学生，精准帮扶 1938 名建档立卡家庭毕业生实现就业，为 7 个地市 437 名相对贫困青少年建立健康档案，完成 4200 多名相对贫困青少年的专业心理健康筛查。累计建成 100

家未成年人救助保护机构，南粤扶残助学工程，为全省 690 名残疾大学生发放助学金 945.5 万元。建成法治文化主题公园 92 个、青少年法治教育实践基地 50 个。未成年人犯罪人数及占比逐年下降。

第四节　青年需求的回应：广东省青年民生实事

青年发展规划的重要意义在于推动青年政策的能效转化。基于此，广东省立足“党政所急、规划所需、青年所盼”，推出首批青年民生实事项目，将其作为服务中心大局，促进青年发展，提升规划政策效能，增强青年获得感的具体举措，并在 2019 年 9 月的省联席会议第一次全体会议上审议通过实施。从党政工作大局来看，首批青年民生实事项目将引导青年学子在基层服务成长、提升青年创新创业能力，促进乡村青少年健康成长、推动青年公共服务均等化，将为广东省落实“1+1+9”工作部署，高质量加快构建“一核一带一区”区域发展格局，奋力实现“四个走在全国前列”、当好“两个重要窗口”贡献青春力量。从落实广东《规划》来看，广东《规划》作为一项涵盖领域广、任务举措多、实施周期长的宏大规划，需要有具体有效管用的项目工程平台来助推落地。首批青年民生实事项目是紧扣广东《规划》发展领域和核心任务而对照对标制定的，是推进广东《规划》落地的平台载体和有力抓手。从青年诉求来看，首批青年民生实事项目通过谋划实施一批青年成长刚需项目，在原有工作基础上，重点帮助解决好青年在教育就业、创新创业、社会融入、权益维护、住房保障、公共服务等方面的操心事、烦心事。

首批青年民生实事项目分为 7 大类 14 小项重点项目。一是围绕青年普遍性需求。针对青年心理咨询、法律援助、困难救助等服务需求，深化广东省 12355 青少年综合服务平台建设，将其打造为青年想得起、找得到、靠得住的力量。针对青年就业与创新创业需求，推动出台《广东省青年创新创业促进条例》，实施“展翅计划”广东大学生就业创业能力提升行动、“攀登计划”广东大学生科技创新能力提升行动，开展青年创业基地建设，提升青年就业与创新创业能力。针对青少年活动和服务阵地等公共服务需求，推进县县都有青少年活动中心（青少年宫）、社区青年之家（社区青年志愿服务站）建设，打造直接联系服务青年的阵地依托。二是围绕重点青年群体成长发展刚需。针对高校应届毕业生，实施高校应届毕业生住房保障服务，帮助他们住有所居。针对乡村青少年，开展新时代广东乡村青少年健康成长“两帮两促”（学业帮助、就业帮助、体质健康促进、心理健康促进）行动，帮助他们学习好、身体好、心理好、就业好。针对新生代产业工人，开展“圆梦计划”——广东省新生代产业工人骨干培养发展工程，培养新生代产业工人骨干力量。三是围绕青年建功立业需求。开展高校毕业生“三支一扶”项目、大学生志愿服务西部计划、山区计划（“希望乡村教师计划”专项和“一校一社工”专项），促进青年学子基层服务成长。每个项目坚持问题导向和结果导向，总结分析存在的突出问题和困难，有针对性地提出切实可行的解决措施，确保高质量推进青年民生实事项目。

第五节　广东中长期青年发展规划实施的统计指标监测

开展数据监测，是推动各级中长期青年发展规划有效落实的必要配套举措。从国内外现状看，联合国、部分发达国家和我国北京、上海以及香港、澳门地区都较早建立了青年发展指标体系和配套监测制度。设计科学、执行规范的青年统计指标监测制度一是能精确反映青年发展规划实施的基础条件，首轮开展的统计指标监测能帮助摸清青年发展的既有青年政策的底数，能划定一定地域内青年工作的起始点，是青年政策得以有效实施的基本前提。二是青年指标体系的取舍，在一定程度上反映了施政主体对于青年规划实施的方向与思路，帮助抓住政策落实的主要问题，推动解决青年的关键需求。三是青年指标的评估过程，也是对青年发展工作的横向评估，对上一阶段各项青年工作的直观衡量，是继政治评价、绩效评价之后的又一个重要评价维度。统计指标监测实施后，青年政策制定者和执行者都能有的放矢，进行更加精准的政策调整。对不同区域之间相似的指标进行对比，也给青年政策和青年工作的比较研究带来了便利。

从内部性的角度看，指标体系反映青年群体自身的思想价值观念、身心健康和成长状况。从外部性的角度看，指标体系是衡量青年发展环境的标尺，能从政治、经济、社会等方方面面中提取出更加聚焦的工作主线。

一　广东中长期青年发展规划统计指标监测实施的具体价值

广东中长期青年发展规划统计监测指标体系基于广东《规划》的9个领域谋篇布局，在框架上对广东青少年的发展状况予以基本描述。由于数据的可得性和易用性，首批指标多来自职能部门的二次数据，是广东各领域青年工作的“横剖面”，也是广东中长期青年发展规划实施的数据逻辑起点。

第一，有助于青年优先发展的共识形成。在广东《规划》实施以前，广东青年工作虽然取得了一定成绩，走在全国前列，但在顶层设计上缺乏相关主体深度参与、齐抓共管的体制机制。青年工作是由共青团牵头，涉及具体的项目则请求相关部门配合的“一次性合作”，缺乏全域性和前瞻性视野，仅仅着眼于解决青年工作的具体问题，开展青年服务的直接工作，在政策协调上缺乏有效抓手。首批青年发展统计监测指标体系的建立，虽然仍是出自各职能部门自身的基础工作数据，但通过统计制度的建立和工作协调，能推动其在日常运作中，在一定程度上树立青年相关乃至青年优先发展的意识，通过数据统计倒逼其形成青年工作意识。

第二，有助于青年工作的系统化和协调化。理想的青年工作格局是在党的领导下，政府主责、共青团协调、全社会共同参与。但长期以来，无论是部分职能部门，还是社会公众，对青年工作的固有观念是，它仅仅是共青团的职责，甚至在青年规划实施工作的部门间协调中，一些部门将相关的工作任务交由机关内部的团委承担。但随着青年群体对发展要求的不断提高，涉及青年成长的领域不断扩展，青年发展和青年工作的内涵已经超越了共青团原有的工作职能，作为群团组织的共青团所能实现的政策效能非常有限。另外，青年发展规划政策是处于探索阶段和实施初期的体系，出于工作的循序渐进和积极稳妥，一些领域的具体政策多以倡议性和鼓励性的文本为主。建立从无到有、从原则表态到定量评估的指标体系，能有效推动青年工作各部门在工作中加强衔接、相向而行，最大限度地实现政策制定与执行的协同，从而更好构建青年工作的合力。

第三，有助于更加聚焦青年工作主线。青年发展整体体系较为复杂，但青年工作的实施有轻重缓急，统计监测指标体系的建立能使青年政策制定者和执行者对于在规划实施周期内的主要工作思路有清晰的认识和精准的预判，将更多的精力和资源投入到能显性帮助青年解决实际问题、提升发展水平的关键性指标中，并实现青年指标与其他经济社会指标有“同频共振”的显著提高。

第四，有助于提升青年工作的科学化水平。一方面，青年统计监测指标体系的建立，离不开对国内外青年发展指标和其他经济社会领域发展指标的借鉴。其中，一些好的经验做法经由地域本级的青年发展指标不断完善而实现政策扩散。另一方面，在青年工作体系日渐成熟过程中积累的经验和产生的政策效能，也能提升为跨区域、跨层级通用的指标，实现对实践的理论研究升华，同时能更好地指导本域内不同地区的青年工作。不同地域、不同层级的青年发展指标相互扩散、彼此融合，使青年发展在同一或类似的坐标系中有了比较或参照的可能。

二　广东中长期青年发展规划统计监测指标的构成

广东中长期青年发展规划统计监测指标大致与国家统计指标保持一致。国家统计指标有 26 个，其中互联网渗透率、出入境人数、调查失业率 3 个指标未开展分省统计或按照现行规章制度难以在省级层面进行统计，故广东省沿用国家统计指标 23 个，新增特色指标 18 个。每个指标均明确目标、计量单位和数据来源单位。

在制定广东中长期青年发展规划统计监测指标时，起草组主要有以下几个思路。一是坚持“党管青年”原则。设置“县级以上党委把党建带团建纳入党委领导班子党建工作考核的比例”“新发展青年党员比例”等指标，贯彻党对青年工作的政治领导、组织领导和人才领导。二是体现明确统计监测工作重心。参照国家《规划》的做法，目前广东的统计监测指标设核心指标和重要指标两类。核心指标主要涉及青年发展核心领域，沿用国家通用的评价指标，如青年受教育年限、体质达标率等，在体例上与国家统计指标相同，在核心领域上具备参考的基础。三是体现青年发展核心诉求。广东新增的特色指标，主要集中在青年教育、就业和创新创业、社会融入与社会参与 3 个领域。比如，围绕推动青年教育均衡发展，新增了“农村户籍考生高考录取比例/重点高校农村生源比例”等指标。围绕促进青年就业，新增了“应届高校毕业生初次就业率、总体就业率”等指标。围绕激发青年创新创业活力，新增了“青年获省自然科学基金等重大科研项目立项数和资助金额”“35 周岁（含）以下法定代表人市场主体比例”等指标。围绕青年就业与创新创业，新增了“新就业无房青年获住房保障户数、住房补贴户数”等指标。这些新增指标，是对全国联席会议提出的各地因地制宜制定监测指标体系要求的具体落实，也是对广东青年最普遍、最核心发展需求的回应，有利于青年政策各方主体更加全面立体地把握广东青年的发展现状。

三　广东中长期青年发展规划统计监测指标体系的侧重

当下，随着全国范围内脱贫攻坚战的胜利完成，包括青年在内的各群体的基本物质和文化需求已经得到了极大的满足，但青年群体对高质量、全方位发展的需求更为迫切。因此，在制定广东中长期青年发展规划统计监测指标过程中，起草组从规划政策本身的文本内核出发，更多着眼于通过指标推动青年的可持续发展，为青年发展赋予更加强劲的动能。

一是注重在指标体系中融入大数据和互联网技术。当前移动互联网已经进入5G时代，青年触网频率和时间都显著延长，在互联网上的“足迹”和意见表达痕迹也会更加清晰，这就给青年工作者分析、研判当代青年的思想动态和核心需求提供了一条全新且与时俱进的路径。青年政策可基于更为先进且不断变化的信息收集系统、舆情监控系统、动态预测工具和预警体系，来研判青年思想意识形态的状况和发展趋势。通过将青年思想动态纳入指标体系，加强对相关数据的跟踪统计，实现实时对青年生活、学习和工作等方面的数据进行分类、梳理、分析和使用，这是开展其他相关领域青年工作的重要基础。

二是注重充分挖掘青年在创新创业主战场上的潜力。从20世纪90年代的“挑战杯”，到进入新千年的“四杯四计划”，广东的青年创业就业工作以主办创业竞赛为切入点，搭建并完善了服务各领域青年创新创业的平台，大力助推面向创业青年的融资、市场、指导等关键环节的服务，还多次将促进青年创新创业写进全省团代会、全委会工作报告，纳入中长期青年发展规划，在战略高度上谋划、设计各项促进青年创新创业的政策措施。在服务青年创新创业中，投资融资、科技转换、项目孵化、硬件供给等，都能找到对应的党政部门来承担，但平台建设相互重叠，在一定程度上降低了政策效能。广东中长期青年发展规划统计监测指标体系纳入了“省级重点人才工程项目扶持青年人才数量”“青年获省自然科学基金等重大科研项目立项数、资助金额”“高校青年人才（含学生、教学科研和管理人员）获校级以上科研项目立项数、资助金额”“35 周岁（含）以下法定代表人市场主体比例”等创新性青年指标，并明确了数据来源的职能部门，将原来较为分散的青年创新创业工作予以重新整合，在架构上使数据相互补充。

三是注重对青年关键民生的回应与关怀。广东中长期青年发展规划统计监测指标体系根据青年成长和发展的不同阶段和不同环境需要，将青年反映较为普遍的需求转化为可计量的发展标准。以青年住房为例，住房不仅有其自然属性，更有其社会属性，既代表着一种“住有所居”的美好诉求，也被附加了价值财富、文化传统、社会融入、家庭关系、婚姻原则等社会标签。青年是住房消费的重要群体。对于青年来说，住房亦是安定安稳的重要心理标志。很多一、二线城市的青年新移民，将住房作为成家立业前的迫切需求。但囿于有限的收入增长，身居“刚需夹心层”，“上车”艰难。一些地方出台了共有产权房、人才公寓等政策，在一定程度上对青年住房难题有所破题。广东中长期青年发展规划统计监测指标设立了“新就业无房青年获公共租赁住房（廉租住房）实物保障户数（在保）”“新就业无房青年获住房租赁补贴户数（在保）”，从而在制度上将青年的住房解决纳入了党政青年工作的视野，并建立逐年发展的基准。此外，为解决城乡教育发展的均衡性问题，广东中长期青年发展规划统计监测指标体系中纳入了“义务教育阶段进城务工人员随迁子女在公办学校就读比例”“农村户籍考生高考录取比例/重点高校农村生源比例”两个指标，为农村扶智树立了鲜明的导向。

四　广东中长期青年发展规划统计监测指标体系面临的困难

在我国的青年政策和项目执行中，评估不足乃至缺位的问题比较明显。[①] 相较于已经运转成熟的妇女儿童发展纲要统计监测制度而言，青年发展统计监测指标刚刚起步，尚处于初生状态，在运行上还缺乏经验，在实施上面临一定的困难，要予以重视和解决。

1. 数据的有效性和可得性难以保证

一是数据的有效性难以保证。基础数据的缺失，导致对青年群体发展所处状态和青年工作有效性的科学判断大打折扣。而现有基础指标体系的建立，在很大程度上是对现有数据的重新整理。有的政策目标并没有相应的指标可以精确衡量。因此，首批青年发展统计监测指标能在多大程度上精准反映广东青年的发展状况，仍需要时间和工作实践的验证，并在后续的沟通中予以补充完善。二是数据的可得性难以保证。现有初次统计监测指标以二次统计数据为主，在所涉及职能部门的统计系统中，需要基于统计对象的年龄重新进行梳理，有的需要在原有职能部门的统计系统中重新开发模块，工作量较大，需要循序渐进地完成。

2. 统计监测指标执行和评估的操作难度大

一是青年发展统计监测指标体系是不断完善、不断创新的开放系统。随着青年发展工作的推进，势必要增进新的指标，也就意味着将谋划和推动新的工作。而这对于欠发达地区和经费比较紧张的职能部门来说，如无增量资源保障，则很难按照政策目标予以推进。二是指标操作的均衡性。科学的青年发展统计监测指标要求各领域、各区域齐头并进，形成工作合力，才能在全域精准设计工作发展目标。然而各地青年工作基础不一，不同条块、不同层级还未统一形成“青年优先发展”的理念，在发展统计监测指标体系的初期势必存在工作进度上的不均

① 杨守建：《青年发展规划的监测评估研究》，《中国青年研究》2017 年第 9 期，第 26～36 页。

衡，对青年发展状况的研判产生显著影响。

3. 统计监测指标的专业性需要完善

在当前的制度设计中，青年统计监测指标体系的建立由统计部门指导、各级共青团组织协调统筹。而统计工作的专业性和持续性较强，共青团组织虽然在青年群众工作上经验丰富，但在统计工作上缺乏经验，需要系统地提高其相关素质。而且统计工作强调延续性，需要在数据的变动中研判发展趋势，这对共青团的政策研究工作是一个较大的挑战。

第五章　落实与探索：广东市、县两级层面青年发展规划实施工作

从政策层面看，国家层面的青年规划重在理念的形成和战略的部署，经过省一级“在地化”后，市、县两级就有更加精准的参照样本。在种种政策信息的传导之下，广东各级共青团组织作为青年政策的“枢纽”，以既有的青年工作为基础，以各地域青年实际状况为依据，以推动青年科学发展为旨归。在基于对地情的充分了解、对所辖区域青年群体发展状况的充分把握上，从政策谋划到落地推动均采取了一系列有效的措施，积累了各层级推动规划实施的实践经验。

第一节　广东各地级市中长期青年发展规划政策文本分析

在地市级和县区级联席会议建设方面，截至2020年底，广东全省21个地级市，以及126个县（区、市）和中山、东莞建立联席会议机制。深圳市宝安区、江门市鹤山市和中山市石岐街道成为全国青年规划实施县（区、市）试点。总的来看，各地市中长期青年发展规划政策文本呈现出以下几个特征。

一 在青年思想引领上凸显鲜明的地域特色

深圳、东莞的经济发展程度和信息化工作走在全省前列，因此在制定规划中，注重通过信息化手段来推动青年发展。深圳提出“广泛开展‘最美南粤少年’‘深圳好青年’‘青年发展说’等主题活动，选树一批青少年榜样。推进青年信用体系建设，探索建设青年融媒体中心，推出大湾区青年政务服务信息网站、热线电话、服务大厅等”。东莞提出“实施智慧德育工程，打造精品思政课。把培育和践行社会主义核心价值观融入青年教育引导全过程，有效融入青年日常生活”。

处于粤东粤西粤北地区的阳江、揭阳两个地市，因为具有丰富的红色文化资源，注重发挥好这个优势，加强对青年的引领。阳江提出“充分发挥中共阳江县委旧址、阳江烈士陵园等红色教育基地的作用，更好地传承红色基因”。揭阳提出“利用普宁流沙会议旧址、大南山革命纪念馆、揭东汾水战役烈士陵园等红色革命资源，加强爱国主义教育基地建设”。而中山作为唯一一个以伟人名字命名的地市，将中山精神作为青少年思想引导的载体，提出“弘扬中山精神，用好‘四最按语’[①]‘杨殷烈士革命精神’等红色资源，践行爱国爱党行动”。珠海则立足于粤澳青年交流交往前沿阵地的地域特征，提出“深化珠港澳青年爱国主义教育，服务‘一国两制’伟大实践”。

二 在青年发展理念上结合地方中心大局

在规划文本形成过程中，一些地市结合本地区发展大局，将“青年优先发展”的理念进一步具象化，提出不同类型、有所侧重的次级

① 1955年9月，毛泽东同志在其亲自主持编辑的《中国农村的社会主义高潮》一书中，为《中山县新平乡第九农业生产合作社的青年突击队》一文撰写“四最”按语：“青年是整个社会力量中的一部分最积极最有生气的力量。他们最肯学习，最少保守思想，在社会主义时代尤其是这样。希望各地的党组织，协同青年团组织，注意研究如何特别发挥青年人的力量，不要将他们一般看待，抹杀了他们的特点。”

青年发展理念。一是注重将青年发展理念与本地区党政工作中心大局相结合。中山提出“青年思想政治素养和全面发展水平显著提升，堪当实现中山重振虎威加快高质量崛起重任的新时代青年”。阳江提出引导阳江青年在抢抓“湾+区+带”协调联动机遇、加快融入“双区”建设和“一核一带一区”建设中展现担当作为，推动阳江奋力打造沿海经济带的重要战略支点、宜居宜业宜游现代化滨海城市。二是注重从地方实际出发，将“青年优先发展”理念进一步细化成具体的发展目标。深圳提出“推进青年发展型城市建设，促进青年更好成长、更快发展，引导青年为粤港澳大湾区和中国特色社会主义先行示范区建设贡献力量”。珠海提出“到2025年，具有珠海特色的青年发展政策体系和工作机制更加完善，青年友好型城市初步建成”。东莞将青年发展的理念融入青年人才之中，提出“深入实施‘十百千万百万’人才工程，加强青年人才培养支持力度，打造青年发展型城市”。

三　在青年发展政策上体现阶段性差异

处于不同发展阶段的区域，在同一政策领域有着与整体经济社会环境相适应的目标。深圳因为青年人口集中，青年创业需求旺盛，创业政策滞后于青年的创业实践，因此在规划中提出“推动制定促进青年创业的地方性法规，形成最具竞争力和吸引力的青年创业激励机制和政策体系”。珠海、中山的民营经济相对发达，因此将非公经济的青年作为重点工作对象。珠海提出“优化青年创新创业的氛围与环境。重点实施非公经济青年人才培养计划，培养一批高素质青年企业家，推动非公经济转型升级发展”。中山提出“重点实施非公经济青年人才培养计划，培养一批高素质青年企业家，推动非公经济转型升级发展”。粤东粤西粤北地区的地市，面临的主要问题是青年人才外流，青年创业工作的主要措施是吸引青年返乡等。因此，揭阳提出“围绕‘回家工程’，依托揭阳市大学生发展基金会，开展大学生回归助力家乡建设行动、在外青年人才联络活动、青年活力社区创建提升行动，鼓励推动在外青年‘回家学习、回家就业、回家兴业’”。阳江的规划则提出“开展乡村青年就业促进行动，实现更高质量的就地就近就业”。

广东在省级规划中针对青少年事务社工和青年志愿者的发展目标分别规定了“加强青少年事务社工队伍建设，制定发展规划，到2022年建成2万人、2025年建成3万人的青少年事务社会工作专业人才队伍”和“力争到2025年实现实名注册青年志愿者总数突破1000万人，人年均志愿服务时数不低于10小时”。在这一目标的指引下，各地根据自身工作基础分别确定了目标。

深圳规定“全面构建青少年事务社工服务体系”，提出“到2022年建成2800人、2025年建成3200人的青少年事务社会工作专业人才队伍”和“2025年实现实名注册青年志愿者总数突破150万人，人年均志愿服务时数不低于10小时”的工作目标。

同样位于珠江三角洲地区的中山在这两项工作上分别提出“到2025年建成1000人的青少年事务社会工作专业人才队伍”和“2025年实名注册青年志愿者人数达到50万人，人均服务时数高于10小时”的工作目标。

东莞以其社工服务为基础，提出“创建一批青少年事务社会工作重点实训基地，建立青少年事务社会工作专业人才政策体系，至2025年实现每10万东莞青年配备的青少年事务社工人数不少于25人”的工作目标。处于粤西地区的阳江则对青少年事务社工没有明确规定，仅提出“大力培养青少年事务社会工作专业人才”，在志愿者建设方面则要求“力争到2025年实现实名注册青年志愿者总数突破25万人，人年均志愿服务时数不低于10小时”。

四　在具体发展举措上注重现有工作的政策升级

第一种政策升级的路径是将原有共青团工作就地升级。广东省内各地共青团组织在不同的领域均有一定的工作基础，因此，在各自青年发展规划的政策文本中，这些工作就地升级，成为各领域青年发展措施的重要组成部分。深圳长期为来深高校应届毕业生提供免费或优惠的“青年驿站”住宿，已经在社会和青年群体中取得了较大的影响，因此其在规划中提出“升级建设‘青年驿站’，为来深应届大学毕业生等青年人才提供短期免费住宿、人才政策宣讲、就业指导和城市融入等‘一站式’服务”。与深圳类似的还有中山。中山在2013年开始的“枢纽型”青年社会组织工作体系中，构建了完善的青年社区学院网络，并在青年的继续教育和文化活动中发挥了重要作用。因此，在此次规划起草中，中山将该项目升级为党委、政府层面的青年发展措施，提出“完善中山青年社区学院体制机制，打造覆盖广泛、运营科学的青年学习平台”。

第二种政策升级的路径是吸纳其他职能部门的普惠性工作，明确其成为青年规划的政策内容，整合资源“为青年所用”。阳江提出“推进市档案馆与党史馆、方志馆、名人馆、博物馆、规划馆及工人文化宫‘七馆合一’市民文化艺术中心建设”，使之成为青年文化的重要工作载体。中山提出“以中山‘健康城市’建设带动青年健康发展，强化学校体育工作对提升青年体质健康水平的基础地位，开展健康促进建设工作”，从而在青年规划文本形成过程中，实现了与其他专项工作的有效衔接，凸显了普惠性政策措施中“青年优先发展”的定位。

第三种政策升级的路径是将上级青年工作在本地落地，实现青年政策的上下级联动。共青团广东省委联合广东省农村农业厅、广东省扶贫开发办公室、广东省教育厅、广东省卫生健康委员会等7家单位于2020年开展了新时代广东乡村青少年健康成长“两帮两促”行动，围绕相对贫困青少年的学业帮助、就业帮助、体质健康促进、心理健康促进四个方面进行帮助。揭阳的规划政策文本明确“实施新时代乡村青少年成长‘两帮两促’行动，鼓励大中学生、职业青年常态化开展志愿服务”，通过聚合上级的资源来实现本地青年发展水平的有效提升。

第二节　广东各地市、区县中长期青年发展规划的实践

从中长期青年发展规划落实的具体工作举措来看，广东各地也根据自己的实际情况，在政策衔接、分解推动、工作机制和理念创新方面进行了一些探索，不同的发展阶段、不同的工作基础使这些探索呈现出不同的亮点和特色。

一　广州市：将青年发展融入经济社会发展大局

按照国家、省和市各级中长期青年发展规划“要注重加强青年发展规划与各地经济社会发展规划及相关专项规划的衔接”的要求，广州市联席会议办公室主动对接相关部门，推动将青年发展规划与市“十四五”规划纲要衔接。广州市发展改革委将“促进青年加快成长成才”设为专条，纳入市“十四五”规划编制。广州市“十四五”规划充分吸收中长期青年发展规划有关内容，创新提出建设“青年创新型城市”，设置“促进青年加快成长成才”专条，将一批青年发展重大项目列入专栏。此项工作走在全国前列。

1. 早谋划勤接触

针对《广州市中长期青年发展规划（2019—2025年）》跨越经济社会发展“十三五”“十四五”时期的实际情况，统筹考虑推动与广州市“十四五”规划纲要衔接，市联席会议办公室采取征求意见、专题调研、专家论证等形式，重点联系、协调市人大、市发改委等相关单位进行沟通协商，推动形成“促进青年更好成长、更快发展是国家的基础性、战略性工程，对广州经济社会发展意义重大”的共识。

2. 发挥正式渠道作用

通过“共青团和人大代表、政协委员面对面”活动，为将青年发

展规划纳入“十四五”规划纲要发声。同时向市人大提交《关于推动青年发展规划相关内容纳入我市“十四五”规划的建议》，通过正式渠道将该项工作纳入议事日程。

3. 营造舆论氛围

联合市政府新闻办举行新闻发布会，面向社会发布广州市中长期青年发展规划并介绍规划出台的背景、特色亮点等，《中国青年报》、《南方日报》、《广州日报》、广东电视台、广州电视台、新华网等中央、省市媒体给予了大篇幅报道，取得了良好的社会反响。

4. 认真研提内容

根据市发改委在“关爱青少年健康成长”专条纳入广州青年发展规划重大项目、重大品牌的意见，市联席会议办公室经研究论证后，提出将提升思想道德品质、提高身心健康水平、提供更好成长环境、提倡现代文明风尚 4 个方面 17 项重要工作作为推动纳入市“十四五”规划纲要的内容，并密切联系，积极沟通协商具体衔接方式。

广州市规划办联合市政府新闻办举办新闻发布会，面向社会发布规划并详细介绍了规划出台的背景、特色亮点等，同时通过“广州共青团”门户网站、官方微博和“广州青年”微信公众号等新媒体推送规划解读，社会反响热烈。

二　汕头市：提出建设青年发展型城市三年行动方案

汕头市提出为青年发展营造更好的环境，城市对青年发展更友好，青年在城市发展中更有为，凝聚汕头青年以及广大华人华侨青年在更高起点上推进汕头改革开放，在已经出台的市级中长期青年发展规划之外，还制定了建设发展型城市的三年行动方案。

该方案提出到 2023 年集青年价值体系、青年就业创业、青年生活服务保障、青年对外交流交往和党建引领下的共青团工作于一体的青年发展型城市初见成效。在这个统一的目标下，汕头市明确了细化落实的九大工程。

第一，“红色基因传承工程”。提出全市团员青年网上主题团课参学率不低于6%，组建50人的青年讲师团，每年宣讲覆盖青少年不低于2万人，培养不少于1000名中学“青马工程”骨干学员。充分发挥汕头作为团一大纲领章程起草地红色革命资源的作用，推动青年红色旅游和学生研学旅行健康快速发展。

第二，“志愿之城”青年志愿服务提升工程。实现志愿者人数超过100万人，建成不少于15个青年志愿驿站，青年注册志愿者人均服务时长达30小时，青年注册志愿者中有服务记录的达80%的目标。

第三，“固本强基”团组织改革工程。提高县级以上党委把党建带团建工作纳入党委领导班子党建考核的比例，建成100家青年之家，实现各区县均设立青少年活动中心（青少年宫）。培养一支1500人的青少年事务社会工作专业人才队伍。2021年前全市初中和小学100%成立学校少工委，2022年前实现县级少工委培训线下轮训全覆盖。

第四，“梦创汕头”青年就业创业行动工程。每年提供不少于1500个大学生暑期见习实习岗位，每年新增不低于3万青年在汕头就业。建设20家青年创新创业孵化基地，建成8家返乡创业孵化基地。

第五，“同心圆”汕港澳台侨青年交流工程。开展不低于6次“青年同心圆”学习交流活动，举办海内外潮籍青少年寻根之旅交流营、中国（汕头）-东盟青年华侨经济文化交流活动和国际潮青潮汕文化经济研习班。

第六，“书香汕头”优秀文化传承工程。培育15个青年读书会组织。开展“书香飘万家”全民阅读活动、读书创作比赛和读书朗诵会。举办汕头潮剧节、潮汕国际美食节。

第七，“人才强市”青年英才扶持活动。大力发展青年职业技能教育，实施职业教育教师“能工巧匠进校园计划”。建立大学生发展促进会。

第八，“和美家庭”青年婚恋交友鹊桥工程。每年至少组织 8 场覆盖全市的婚恋交友活动，提供专业化婚恋咨询服务。

第九，“阳光守护”青少年权益维护保障工程。壮大普法青年志愿者队伍，健全全链条违法犯罪青少年帮教服务体系。建立 8 个专业心理咨询站，为青少年提供心理咨询专业服务。

三　中山市：实现青年工作联席会议的镇级覆盖延伸

市级规划重在执行和落实，以具体措施为主，以政策完善为辅。中山规划包括加强青年思想引领、推动青年教育发展、提升青年身心素质、引导青年婚恋、服务青年就业创业、推进青年文化发展、促进青年社会融入、维护青少年合法权益 8 个领域，共 27 条举措，重点推动青年实现更好发展。

在推动规划落实过程中，中山全力推动建立市本级中长期青年发展规划实施工作联席会议机制，同时自我加压、克服困难、确保实效，高质量推进 24 个镇街青年工作联席会议机制建设，于 2020 年 9 月底实现市镇两级全覆盖。中山规划的特色主要体现在以下三个方面。

1. 明晰责任，分工到人

市联席会议办公室第一时间组织召开动员会，集中研判建立青年工作联席会议机制的工作任务和推进方法，审定通过《关于高质量完成镇街级联席会议制度攻坚任务的工作方案》。同时明确分工职责，组建中山镇街级联席会议制度攻坚工作领导小组、督导小组和攻坚小组，分别由团市委书记室全员、具体科室及下属事业单位青年骨干、镇街级团组织主要负责同志组成，形成团市委书记室全口径对接镇街级党委分管领导、团市委青年骨干全覆盖督导 24 个镇街的工作，构建统揽式工作格局。

2. 明确任务，强化指导

市联席会议办公室正式印发《关于尽快建立镇街级中长期青年发

展规划实施工作联席会议机制的通知》，制定发布工作流程指引，倒排任务目标时间节点。线上线下工作联动，组建中山中长期青年发展规划实施工作线上社群，指导 24 个镇街团委（团工委）具体承担组织、协调职责，推进各镇街结合实际确定联席会议制度和联席会议成员名单。

3. 完善机制，有序推进

为及时掌握任务推进、畅通问题反馈渠道，市联席会议办公室建立“每镇一督”“每日一报”“每日一志”的有效工作机制。“每镇一督”，即由督导小组每位青年骨干直接对口督导 3～4 个镇街，实行督导小组每半天一次定时向有关镇街团委（团工委）微信或电话报到。“每日一报”，即由镇街团委（团工委）主要负责同志组成的攻坚小组，实行每天一次按任务分解清单向督导员报送推进情况。“每日一志”，即由督导小组每两天形成一份有关推进镇街级联席会议制度的工作日志，定时向团市委书记室汇报各镇街完成情况和难点，确保工作有序推进。

四　东莞市：致力打造“青年发展型城市”

2020 年 9 月 22 日，东莞市委、市政府印发《东莞市青年发展规划（2020—2025 年）》（以下简称东莞《规划》），并于 9 月 29 日召开新闻发布会，正式向社会公布。东莞《规划》于 2019 年 4 月启动编制工作，编制过程中对东莞市的青年发展状况进行广泛调查研究，围绕青年思想道德、教育、健康、文化、人才、就业与创新创业、交流与合作、社会融入与社会参与、权益与预防犯罪、建立健全党管青年制度十大领域提出了发展目标和任务内容，致力于将东莞打造成为“青年发展型城市”，体现鲜明的时代特点和东莞特色，让东莞对青年发展更有爱、青年对东莞发展更有为。

1. 突出党管青年的原则

结合东莞共青团改革有关重点难点目标任务，东莞《规划》将“建立健全党管青年制度”作为单独板块予以重点强调。积极推动党建带团建工作、落实“推优入党”、团干部队伍建设等任务落地落实，更好地践行共青团引领凝聚青年、组织动员青年和联系服务青年的职责。

2. 突出关爱异地务工青年

东莞《规划》立足于“本地人口与流动人口严重倒挂”的特殊市情，聚焦异地务工青年城市融入、技能提升、婚恋交友、子女关爱和权益维护等现实问题，并进行积极回应。特别是将“青年社会融入与社会参与”和“青年权益与预防犯罪”列为单独两大领域进行部署推进，在政策引导、关爱发展、困难帮扶上形成更多的政策支持和社会关注，进一步增强异地务工青年对城市的归属感和认同感，充分展现东莞开放、包容的城市特质和温度。

3. 突出青年人才和创新创业

东莞《规划》紧密结合青年人才特点，充分挖掘和凝聚青年科技工作者、青年技能人才、党政青年人才、青年企业家、湾区青年等人才资源。将“青年人才”作为单独板块，提出建设青年人才驿站、实施青年人才培养提升计划、出台优才卡管理办法等具体措施，着力盘活东莞青年人才“蓄水池”。同时立足粤港澳大湾区，促进港澳青年创新创业与交流合作，提出创业孵化、政策解释、专业服务、交流互动等具体措施，更好地引导莞港澳青年在区域合作和湾区舞台上交心交融、担当作为。

五　深圳市宝安区：率先探索建设青年发展型城区

为推进国家中长期青年发展规划试点实施，深圳市宝安区在全国率先提出建设“青年发展型城区”理念，于2020年8月出台了《深圳市宝安区建设青年发展型城区三年行动计划（2020—2022）》，提出服务青年成长、促进青年发展的25条措施，覆盖强化青年思想道德建设、加强青年创业就业服务、丰富青年业余文化生活、切实维护青年发展权益、引领青年投身志愿服务、塑造青年发展国际形象六个方面。

1. 从“一家事”到“大家事”，形成青年工作齐抓共管新局面

宝安区将全区36个相关部门、10个街道全部吸纳为青年工作联席会议成员，推动青年工作与各部门、各单位业务工作融为一体。推动将“青年优先发展”理念首次以专节形式写入区“十四五”规划征求意见稿。与区卫健局、康宁医院等合作实施“阳光成长”计划，建立“四个一”（一个阵地、一条专线、一支队伍、一套机制）青少年心理危机干预体系。在区青少年宫设立全市首个线上线下相结合的一站式青少年心理健康服务中心，对有严重心理困扰或情绪障碍的青少年开辟绿色转诊通道。建立全国首个智能公益交友平台，制定宝安区婚恋交友机构诚信规范，联合公安、民政等依法打击婚托、婚骗等行为。整合党政机关和社会资源，帮助解决社会关注的校园欺凌、网络沉迷、婚恋交友等青年问题。

2. 从分散化到系统化，提升共青团服务大局贡献度

宝安区深入实施“百万义工”计划，在生态文明、食药安全、赛事赛会、信访司法、交通、医疗、外事等领域建设专业化义工队伍，全区注册义工达56万人，占深圳全市的1/4。深入实施“邻里三相”社区志愿服务计划，倡导邻里之间相识、相知、相助的熟人社区文化，累计开展社区志愿服务2万余场，服务市民205万余人。组建起一支由水污染治理领域专家学者牵头的民间河长队伍，专业化、常态化开展护河治水志愿服务。实施“青春社区”计划，组建宝安区青年业委会委员联谊会、青年律师协会和社区青年议事会，引导广大青年积极投身基层治理。成立宝安青年汇智团，招募80名热心青年为基层治理和青年发展建言献策，围绕青年普遍关心关注的问题提交6份“两会”模拟提案。

3. 从常态化到体系化，提升青年的获得感和满意度

针对青年关心的住房问题，宝安区出台住房改革“3个20%”政策，到2025年筹集人才住房和保障性住房6万套，对361个城中村分

类进行综合治理，多渠道多形式加强宝安青年安居保障。在全国率先开展“阅读社区”标准化建设，打造青年“15分钟学习圈”。到2022年，宝安将建成100个足球场、100个篮球场，打造青年“10分钟文体服务圈”。建设党史党性、传统文化、科技创新、安全法治、生态环保、卫生健康、劳动艺术、国防军事八大类青少年实践教育基地。整合党政机关、企事业单位、金融机构等资源打造宝安青年“双创双习”基地，每年开发不少于1000个实习岗位，每年为不少于1000名来宝安求职的青年提供“驿站住宿+城市融入+职业导航”一站式落脚服务。经与区住建局协商协调，将面向全区青年，配租位于松岗沙浦围西部人才小镇的425套人才房支持有为有志青年扎根建设宝安。

第三节　中长期青年发展规划的政策协同

一分规划，九分落实。在制定过程中，中长期青年发展规划的部分政策文本源于现有的各专项规划体系，而其创新前瞻的具体措施落细落实又离不开和“十四五”规划及其他专项规划、部门政策的有效衔接。只有通过制度性安排将中长期青年发展规划列入其有机组成部分，并将规划分解为若干个实施周期乃至年度任务和发展指标，才能实现有效的政策协同，规划的落实也才会更加有力度，才能获得各项行政资源的持续性保障。

在中长期青年发展规划落实的实践要求中，各地要将本级青年规划与“十四五”规划纲要相衔接，衔接的方式是以专章、专节或专门表述的形式，从而将青年发展制度性地纳入党政工作的视野与范畴，高位推动青年规划的政策协同。

一　将青年发展整体上升为党政工作

在“十四五”规划纲要中加入青年发展规划的专章、专节或专门表述，是政策协同的完全形态，也是青年发展规划实施试图达成的政策目标。由此青年发展可以实现跨领域的整合，形成整体移动的力量。广东一些地市、区县已经在这方面取得了突破。

广州市在“十四五”规划纲要中设置了“促进青年加快成长成才”专节，对全方位的青年工作提出了明确要求，如“坚持党管青年原则，构建全面、系统、长效的青年发展政策体系，促进青年更好成长、更快发展，建设青年创新型城市。优化青年成长成才的法治环境，加快推进青年创新创业立法。擦亮广州青年创新创业系列品牌，新建一批青年创新人才工作站，打造‘人才基地+青年众创空间’平台体系，引导和支持各类市场主体建设青年创新创业平台。深入实施‘领头雁’农村青年创业致富带头人培育工程，支持青年积极投身乡村振兴”。

深圳市“十四五”规划纲要则制定了全面建成青年发展型城市的目标，提出“深入实施深圳中长期青年发展规划，建立完善‘党委领导、政府主责、群团协同、社会参与’的青年发展格局，构建青年发展型城市评价体系。建设一批青年文化新型阵地，教育引导青少年健康成长，扎实推动关心下一代事业更好发展，培养思想过硬的特区青年。建设青年就业、婚恋交友、学历教育公益平台，制定实施青少年体质健康、心理健康干预计划，建立健全青少年权益保护机制。实施深港澳青年人才联合培养计划，搭建大湾区青年交流与合作中心，拓宽青年参与国际交往渠道，培养一批高素质水平、国际化、创新型青年人才。加强预防青少年违法犯罪工作，发展青少年事务社工人才队伍、青少年普法工作”。

潮州市“十四五”规划纲要设置了“推动青年更好成长”专节，提出“聚焦青年思想道德、教育、健康、婚恋、就业与创新创业、文化、社会融入与社会参与、权益与预防犯罪以及社会保障等领域，建立健全具有潮州特色的青年发展政策体系和工作机制，进一步优化青年成长环境，服务青年紧迫需求，维护青年发展权益，促进青年全面发展，在经济社会发展中充分发挥生力军和突击队作用”。

中山市“十四五”规划纲要提出“深入实施《中山中长期青年发展规划（2020—2025年）》，搭建青年成长成才平台，激发青年创新创业活力”，在原则上对青年工作提出了要求。

佛山市“十四五”规划提出“以实施《佛山市中长期青年发展规划（2020—2025年）》为牵引和推动，促进佛山青少年健康成长”。

阳江市提出加强青年组织体系建设，健全党领导下的以共青团为主导的青年组织体系和工作机制，加强对青年一代的思想政治工作，持续深入开展爱国主义教育和国防教育，组建“青年讲师团”，加强理想信念教育。加强青年人才培养，支持青年就业和创新创业，促进青年融入社会。

二　将青年发展嵌入中心工作格局

青年被视为推动经济社会发展的动能，因此在政策制定和执行过程中应注重发挥其能动性和创造性以及对中心大局工作的服务性。在将青年发展纳入“十四五”规划纲要中时，一些地方主要将青年工作聚焦为青年人才工作，青年发展的措施主要体现为人才凝聚和服务措施。

汕头市“十四五”规划纲要提出“做好侨的文章，更好凝聚侨心侨力，完善华侨华人青年服务体系，设立港澳青年之家，办好台湾青年潮汕文化体验营活动，建设吸引全球华侨华人青年就业创业的青年发展型城市”。

珠海市“十四五”规划纲要提出建设人才友好型青年友好型城市，营造鼓励人才干事创业的发展环境。实施好珠海“英才卡”制度，提供“一站式”人才综合服务，优先保障高层次人才子女就读优质学位，搭建高层次人才医疗保健服务平台，给予符合条件的引进人才住房补贴、人才公寓配租、共有产权房配售，同时由共青团珠海市委牵头编制《珠海市青年友好型城市发展规划》。

韶关市“十四五”规划纲要提出加强港澳青年创新创业基地、武江科创园建设，不断激发创新创业活力。揭阳市“十四五”规划纲要提出加大青年人才培育力度，引导揭阳青年积极投身产业建设、乡村振兴、社会治理等领域。清远市“十四五”规划纲要提出“创新优化政校企合作模式，依托省职教城，实施‘职校优才’培养计划，创建青年人才交流活动中心，加大青年人才尤其是大学生人才吸附力度”。汕尾市“十四五”规划纲要提出“实行更加开放的人才政策，落实跨境职业资格准入和专业资格互认制度，吸引港澳青年在汕尾创新创业和开展成果转化。到2025年，新增硕士研究生2000名、博士生400名。推进‘青年同心圆’计划，加强与粤港澳青年交流。深化青少年体育活动促进计划和青年体质体能健康提升工程”。

三　将青年发展参照现有格局扩展

一些地方在把青年规划与“十四五”规划衔接时将青年工作参照原有的妇女和儿童工作路径予以扩展，以加入青年发展来丰富相关领域的整体政策内涵。云浮市“十四五”规划纲要将妇女儿童工作和青年工作并列，制定“妇女儿童和青年工作”专章，提出“促进青年全面发展。加强青年理想信念教育，培养青年报效祖国、奋勇争先的时代精神。关注青年长期发展，强化制度建设和体系建设，构建青年友好型社会，增强城市吸引力，引导有志青年聚集云浮。制定实施《云浮市中长期青年发展规划（2021—2025）》，聚焦青年思想道德、教育、健康、婚恋、就业与创新创业、社会融入与社会参与等重点发展领域，注重特殊青年群体关爱服务，不断提高广大青年的获得感、幸福感和安全感。充分发挥共青团、青联等组织作用，带动青年积极参与社会主义现代化建设。维护青少年合法权益，有效打击和遏制侵害青少年合法权益行为，加强和改进学校教育、家庭教育、专门学校建设等工作，预防青少年违法犯罪。推进预防青少年近视工作”。河源市龙川县的“十四五”规划纲要开辟专节阐述保障妇女、儿童和青少年权益，内容是大力发展青少年事业；加强社会主义核心价值体系教育，推动素质教育，引导青少年树立健康的价值观；增强青少年体质，提高青少年安全意识和自我保护能力，促进青少年德、智、体、美、劳全面发展。

四　在规划中体现特定群体青年发展

在政策衔接中，一些地方并未将全体青年作为“十四五”规划纲要的政策对象，而是根据实际工作有所取舍，注重特定青年群体的发展，并将其工作措施融入整体部署之中。特别是在粤港澳大湾区建设的国家战略之中，港澳青年成为重要的政策对象，也是广东青年工作的重要内容，因此被很多地方写入“十四五”规划纲要。如广州市越秀区的“十四五”规划纲要提出深入推进港澳青年来穗发展“五乐计划”，打造大湾区青年创新创业基地、越秀区港澳青年创新创业支援服务中心，支持港澳青年来越秀创新创业；落实大湾区人才税收优惠政策，落实好在越秀区就业、居住和就读的港澳居民与本地市民享有同等参加社保待遇工作。广州市白云区的“十四五”规划纲要提出打造首批港澳青年创新创业基地 3 家，市级及以上认定或登记孵化器 24 家，众创空间 25 家，形成“大众创业，万众创新”的氛围；持续开展创享白云等 6 项计划，持续实施以“六计划一保障”为体系的支持港澳青年来白云发展行动计划，高标准建设港澳台侨青年创新创业基地，打造大湾区区域发展核心引擎重要承载区。

第六章　困境与对策：青年规划政策演进的可能路径

国家《规划》显示出我国青年政策整体思路由被动保护青年到主动赋权青年的转变，从联合发布到联合执行，实现了青年政策文本形式的拓展和青年政策制定与执行的有机衔接。① 当前，从国家到省，再到地市、区县，各级规划文件的出台和青年工作联席会议机制的建立，标志着自上而下推动青年发展政策的体制逐渐完善。各级“十四五”规划和政府工作报告的有效衔接，初步实现了政策协同，一些标志性的政策成果相继出台。但从实践来看，由于这项工作正处于起步阶段，“青年优先发展”的理念还未能形成共识，在具体的工作上仍然面临一定的困境，亟待取得突破。

第一节　地方青年发展规划实施的困境

议程设置、政策制定、政策反馈以及政策评估在政策执行过程中仍有可能会持续地施加不同的影响，从而改变政策执行的过程。政策制定阶段的行为者同时会参与到政策执行之中，尤其是在确定资源分配中发

① 谭毅：《〈中长期青年发展规划（2016—2025 年）〉的政策学解读》，《中国青年研究》2017 年第 9 期，第 12~18 页。

挥重要作用。[①] 在理念上，“青年优先发展”理念尚处于萌芽阶段，与社会的普遍性认同还有较大差距，这是青年规划实施的客观形势。在工作架构上，共青团虽然具备政治优势和组织优势，但行政推动和持续性资源整合能力不足，在政策倡导上的作用还不能充分体现出来。在工作成效上，青年规划的政策文本向政策效能转化整体上还不够顺畅，青年政策的彰显度还有待提高。

一　青年政策执行的机制有待完善

长期以来，在“包揽一切”的社会管理模式下，政府与社会组织权力关系的边界处于模糊状态，政府承担了许多原本社会能自行承担的职能和服务内容，高度集中的社会管理模式导致社会事务的效能整体不高，且社会活力未能得到充分激发，政府所能提供的公共服务和产品的质量不能满足需求。

在社会治理创新的大趋势下，很多地方逐渐意识到，应当充分发挥政府、市场和社会的资源有效配置作用。在保护环境、维护社会公平、疏解社会压力等方面，政府应当适当放权，通过市场和社会发挥优势来介入。其中，政府承担着“发包者”的委托角色和“第三方”的监督角色。在实践中，政府充分释放其行政资源，调动社会组织的积极性，同时保留了监管者的角色，在行政上对所委托的社会组织有较强的制约性，有资格在委托过程中制定标准，决定社会服务的发展方向。

行政赋权意指党政部门将关于青年工作的部分职权，以适当方式向共青团组织转移，同时配套相关的资源支持。其中，共青团并不是项目的承接方，因为作为财政全额拨款的共青团机关本级或下属单位直接参与社会事业的市场竞争，在人力资源上占据优势，若承接项目，显然有失公平。实际上，在很多政府购买服务项目中，共青团组织都不是采购

① 宋雄伟：《论中国公共政策执行研究的“整合式”视角》，《天津社会科学》2015 年第 4 期，第 78~82 页。

的对象，而是像其他政府职能部门一样，成为出资购买青年服务的主体，它将汇聚所掌握的资源，向青年社会组织或者其他第三方机构采购服务。其中折射出来的悖论在于，在现行政府购买体系下，由民政系统具体实施向社会组织购买服务，同时民政系统兼具社会组织管理的职能，能更好地对其承接服务的效果予以制衡。但共青团组织缺乏对青年社会组织的管理机制，仅仅能通过资源调节进行疏导，其权威性和强制力都大打折扣。

缺乏"行政赋权"的另一种表现是青年政策的"小马拉大车"。长期以来，共青团的工作范围不像职能部门一样有明显的边界，对于跨部门整体资源的调动能力亦有所欠缺。作为专门从事青年工作的群众组织，共青团推动规划实施的是工作深化改革的全新变革，不应只是原有共青团工作基础的就地增量，也不应仅仅将其视为共青团的"独家工作"，而是在党委和政府的高度重视下对青年发展的重新强调与优化。当被赋予了政策引领的职责后，作为政策枢纽的共青团在相应的行政赋权上仍然存在空白。因此，一些地区对青年发展规划的落实存在"上下一般粗"，仅仅满足于上级所交办的"固定动作"和"限定指标"，缺乏在青年政策上的创新。一些关于青年的专项政策多由共青团发起，多个部门配合，而且多从共青团系统发文。但这种行政配合在职能系统的效力上显著低于系统内的政策文件，加上资源配套跟进不足和地方实际财力有限，一些地方对上级青年发展政策的执行力度有较大的变动性和变通性。

二　青年政策的效能转化作用不强

在传统的制度安排中，作为代表青年利益的专门群团组织的共青团，在进行利益表达的时候，可以采用直接向政府提供政策建议、间接通过人大代表提出议案、参与社会组织战略规划和决策制定等方式进入政治过程，通过影响政治或者运用政治性的手段来实现或维护青年利益。但在具体的政策实施过程中，各职能部门对共青团参与公共政策制定的认同程度和重视程度不高，即便拟出台的政策潜在性地将显著影响青年群体，但只要政策文本中没有出现“青年”的政策对象范围框定，在决策过程中就很少与共青团进行沟通合作。即使能够提前与共青团进行沟通协商，参与范围也多是教育文化、慈善公益等涉及青年群体较多的软性社会治理领域。而共青团提供的一些政策建议，可能因为职能部门的不认同或者利益协调障碍而无法通过或实施，青年发展的政策转化效能因此受到较大的影响。此外，虽然各级青年工作联席会议机制已经建立，但从工作效果来看，各成员单位抓青年工作的主动性、计划性还不够强，常态化沟通协调机制还未发挥应有作用，市、县两级联席会议机制发挥的成效还不明显，联席会议办公室牵头协调的作用还没有充分发挥，创新性、突破性的措施还不够多，主责部门牵头推动项目有所不足，工作抓手还不够实。

三　从实践向政策提升的专业能力建设滞后

作为青年政策总成的青年发展规划，在起草过程中一直由共青团组织主导，在政策转化及实施过程中一直由共青团组织居中协调，对于长期以“动员化”“项目化”等形式来推动工作的共青团组织来说，这是对其固有工作思路和路径的极大挑战。

1. 在政策衔接上

国家《规划》包括10个领域共44条措施和十大工程，既涵盖了青年思想引导、困难青少年帮扶等共青团工作传统优势领域，又包括科技创新、高质量发展等党政急需但共青团长期以来难以找到工作切入点的专业性领域。一些省级的规划甚至还涉及青少年心理危机干预、住房保障等社会关注的敏感性问题，牵一发而动全身。部分共青团组织和团干部长期从事具体项目工作，注重工作实践，但对宏观政策及分领域政策的掌握不够熟悉，工作的专业性有待提升，难以做到通过梳理现有政策找准青年政策制定的结合点，将青年政策有机嵌入经济社会发展大局。

2. 在政策的持续上

青年工作向政策化的升华，应当成为青年工作新常态。这对共青团开展工作的科学化和精细化提出了更高要求。在较长一段时间内，对青年工作成效的评估多以定性的描述方式呈现，而较少进行数量上的精准评价。一方面是因为以思想引导为主业的共青团组织发挥的作用是“润物细无声”的，难以用量化的标准来考核。另一方面，在从活动化工作模式向项目化工作模式的转型过程中，虽然共青团组织的工作形式有所精进，但仍然没有完全树立以绩效为导向的工作理念。而在政策实施的完整链条中，绩效评估是不可或缺的一环。当前一些青年项目绩效评估不足或者精准评估较难，也限制了工作资源的持续投入。

3. 在工作基础政策升华上

在长期的青年工作实践中，共青团形成了社会影响大、美誉度高、受惠青少年多的品牌项目，但与共青团以全体青年群体作为工作对象的组织目标相比，还存在较大差距。若扩大工作的受惠面，势必要将具体的工作项目上升至党政意志和政策制度。但一些团干部缺乏跨部门工作的经验，不熟悉将具体项目载体上升为党政意志和政策制度的流程，或者缺乏总结政策文本的能力，仅仅将思维停留在对原有项目的简单重复上。从各地规划出台的过程可以发现，相当一部分共青团组织无论是在思维习惯上还是在工作路径上，都没有突破自己原来的框架，没有走出“舒适圈”，没有深入思考如何用规划来提升政策倡导能力，将原有的活动化、项目化的工作载体上升为覆盖面更广、由更多职能部门推动的青年政策，从而更好地扮演青年利益代言人的角色，给青年带来更有力度的政策效应。

四　青年政策实施的社会资源链接缺乏有效路径

此处所说的“社会资源链接”不是指对社会资源的整合，而是对社会层面青年群众的动员能力还跟不上政策实施所需要容纳的社会动力。如前所述，青年政策的实施不仅仅需要行政驱动，更好政策效果的达成需要社会的全面驱动，将“青年优先发展”的理念推动形成社会倡导，从而实现政策目标从体制内向体制外延伸，最终成为发展共识，让青年群体更加直观地感知政策、享受红利。

对“两新”领域青年覆盖不足制约了共青团对青年发展规划的宣传效果。当前共青团工作的主要阵地仍在学校领域，而在社会青年更加集中的“两新”领域，共青团对青年的覆盖存在大量空白。虽然一些团组织通过“智慧团建”等平台，用新型的互联网形式实现组织之间的团员关系转接，下大力气解决青年一毕业即“失联”的问题，但社会领域青年的流动性大和共青团对青年的评价在青年个人事业发展中的权重降低，原有的行政动员方式效果逐渐减弱。由于没有刚性约束和制度保障等，建团难度大，大多数青年毕业进入社会后就陷入组织覆盖和思想引导的“真空”地带。

共青团工作方式的社会化程度有待提升。作为拥有完善、庞大体系的组织，共青团构建了横向到边、纵向到底的工作体系。但由于执政党领导下先进青年的职责定位，共青团在工作目标上要将全体青年作为自身的工作对象，而不能仅仅局限于部分特定的青年群体。因此，将共青团干部数量摊薄在青年群体中，是“滴水入海”。虽然一些地方探索将体制外的优秀青年充实进兼职团干部队伍，基本实现了共青团改革所提出的“不拘一格从党员、团员中选拔优秀人才，建设专职、挂职、兼职相结合的团干部队伍”的目标，但距离建立符合群团组织特点、充满生机活力的团干部队伍仍有较大差距。此外，团组织、团干部对社会资源整合和动员的能力仍然不足，财政资金仍是绝大多数共青团组织开展工作的主要支持，没有很好地在青年发展工作中实现对社会资源的有效整合。

此外，当前各地在推进规划实施工作上仍然存在“上热下冷、寒热不均”的问题，各个层级、各个地区都有进展不平衡的情况。虽然目前已经形成了一整套科学完整的青年规划实施“四梁八柱”，但落地的“最后一公里”仍需加强措施保障。具体来看，行动得快的地区，已经按照既定的规划政策和推进步骤进行了部署落实。有的地区还积极向党政部门争取，形成了自己的一套做法。而行动较为迟缓的地区，对青年的政策倡导与效能转换推进意识不强，不能充分引起党委重视，不能有效争取组织、编制、财政等相关部门支持，存在“单打独斗”的现象。基层“缺编制、缺人员、缺经费、缺场所”的情况仍然比较普遍，这是后续亟待解决的问题。

第二节　地方青年规划的机制建设及完善策略

相较于已经进行了数十年的妇女儿童发展规划实施工作，青年发展规划工作仍处于起步阶段，“青年优先发展”的理念还未能形成。建立自上而下、高位推动、顺畅有效的政策转化机制迫在眉睫。只有基于此，才能将青年政策的文本落实为具体的成效，也才有了推动青年发展从体制内到体制外相互联动的工作基础。

一　细化“党管青年”原则的落实机制

“党管青年”原则是中国青年政策和青年工作需要坚持的首要原则。要切实落实习近平总书记“各级党委要拿出极大精力抓青年工作，抓共青团工作，切实尽到领导责任”① 重要指示精神，切实完善“党管青年”的基本制度安排，由党委高位推动各级中长期青年发展规划的实施。压实基层党建带团建的政治责任。将党建与团建工作同部署、同

①　《习近平同团中央新一届领导班子成员集体谈话并发表重要讲话》，中华人民共和国中央人民政府，http：//www. gov. cn/xinwen/2018-07/02/content_5303003. htm。

检查、同考核，防止信号层层递减，将青年和共青团工作作为各级党委书记党建工作述职的基本内容。每年至少听取一次青年工作汇报，定期研判青年意识形态工作，及时发现、解决问题。

应探索建立青年发展评价指标体系，完善青年发展状况监测机制，依托专业第三方机构每1~2年对所在地区、单位青年群体的思想状况、青年发展情况和中长期青年发展规划实施情况做一次综合评价，综合客观的工作数据和青年群众的直观感受，作为评价各级落实青年发展规划情况的重要内容。要不断提升共青团组织作为青年政策倡导者的调查研究能力，定期收集青年群体的需求和变化新趋势，为青年政策的酝酿和萌芽建立精准的预判机制，也为各职能部门制定和完善相应的青年政策提供现实依据。

要健全各级中长期青年发展规划联席会议机制，利用省、市、县三级青年工作联席会议机制，形成统筹协调青年发展重大问题的常态化制度性安排，将青年发展事项纳入党政工作的日常议事日程。及时回应青年关切，完善顶层制度设计，帮助解决青年发展问题，推动中长期青年发展规划形成标志性政策成果。探索联席会议的创新运行机制，进一步发挥成员单位制定青年发展政策、开展青年工作的积极性，同时通过程序性的制度安排，压实青年发展规划各领域牵头单位的主体责任。

二　完善共青团承接政府职能转移的体制机制

共青团承接政府职能转移和购买服务，是改善和加强共青团工作的重要抓手。共青团通过参与政府购买服务，提高服务青年社会组织的能力，积极主动参与社会治理创新，可以有效地凝聚吸引青年和青年社会组织。

党政部门在赋予共青团管理青少年事务职能的同时，可以考虑赋予一定的管理权限，给予一定的经费保障。各职能部门可以沟通协调，形成配套文件，明确共青团具备承接政府购买服务的资格，明确共青团在参与政府购买服务中的定位和任务，明确共青团在青少年事务项目中的有关职能权限，推动政府在购买服务时向青少年事务方面倾斜。

探索授权共青团牵头制定青少年事务领域政府购买服务目录及服务绩效考核标准，优先推动“青少年社区矫正”“预防青少年犯罪”“青少年社会教育”“重点青少年管理”等服务项目与类别，打造共青团参与政府购买最有力的抓手。结合青少年事务领域政府购买服务目录的要求，不断推出细化的购买服务项目和类别。同时根据考核的情况，逐步增加和调整项目的投入金额。相关职能部门理顺青少年事务社会工作购买体制机制，特别是探索先委托共青团承接，再由共青团“发包”给青年社会组织的工作模式，使团组织成为青少年事务社会工作资源的配置窗口。

探索创新共青团对青年社会组织的引领机制，更好地凝聚引导青年社会组织，协助政府处理青少年事务，参与政府购买服务。推动团属社团、重点联系的青年社会组织发展，使其成为其他领域青年社会组织的龙头与核心，发挥分类引导、分类考核的重要作用，更好地延伸共青团承接政府购买服务的抓手，更加有效地加强共青团对青年社会组织参与政府购买服务的方向把握和质量把关。

三　全面提升共青团的青年政策倡导能力

在青年发展规划的实施工作架构中，政府职能部门是各领域青年政策的制定主体，共青团对青年政策和青年工作协调统筹。这就决定了在青年政策的协调机制中，职能部门和共青团在治理机构中应当是紧密合作的“伙伴”关系。共青团与职能部门共同发挥治理效能，可以在其涉及青年政策的决策、执行中承担一定的功能。

通过青年工作联席会议机制，充分调动各职能部门参与规划实施工作，围绕各自负责的问题畅所欲言、表达观点。在政策方向大致确定的基础上整理、综合和简化为精要条目，根据自身部门工作实际进行细化和可操作化。同时对具体经办的部门进行深入访谈，发现政策文本的局限性，增进政策的可执行性和针对性。对于共青团自身来说，如何将青年政策制定的大课题转化成具体部门的小目标，是一项十分考验共青团政策倡导能力的工作。共青团要尽力争取各种资源，尤其是党委政府的支持，作为自身工作开展的关键性前提。要营造良好的青年政策制定—实施—评估环境，让共青团责权相等，赋予其一定的政策推动和督导职能。

对于作为青年政策客体的青年来说，共青团组织应当尊重和发挥好青年在政策制定实施中的主体地位，要提升对青年紧迫需求的政策反应，及时了解和研判青年发展状况，监督涉及青年发展权益的法律法规和政策执行，代表青年向有关部门反映问题、提出建议，推动及时有效解决青年实现发展权益面临的现实困难和突出问题。理顺各部门有关渠道，为青年人才提供更多正式和非正式的参与路径，加大政策参与力度，提升其政治参与的比重及深度，使其能够实质性地参与公共政策的议程设定、方案形成、评估改进等重要环节，进一步充分发挥其对公共事务和重大决策的贡献度。

青年在发展上的不确定性和可塑性，是青年工作者对青年进行政治引导的基本依据和空间所在。青年发展规划的实施要充分尊重青年的主体作用。党政部门和共青团组织要不断提高青年政治参与的制度化水平，通过引导青年积极有序地参与政治、经济和社会事务，合理表达诉求，培育青年群体自身对青年政策的关注度和认同感，使青年群体将自身发展的目标融入青年政策实施和社会发展的时代洪流中去，在社会治理中扮演不可或缺的角色。

加强对包括团干部在内的青年工作者的政策研究和执行能力建设，以提升其对经济社会宏观大局的把握能力。加强自身对经济社会和青年群体发展趋势的研究，及时将所获得的信息和研判报送党政部门，准确反映青年的动态和需求，为党政谋划工作和科学精准决策提供依据。同时要提高政策把握能力，在开展调查研究过程中，注重形成科学成果及对科学成果的综合运用，发挥好政策研究成果对工作的指导作用，推动青年具体工作向青年政策提升，使青年政策与其他领域的政策实现有效衔接；注重青年政策执行的可行性与针对性，使青年发展规划真正发挥推动青年各领域有效发展的强大政策优势。

参考文献

蔡泽峰、杨扬：《新媒体与当代青少年的区隔化生活》，《广东青年职业学院学报》2016年第1期。

陈科霖：《纵向府际关系视域下的中国国家治理研究：进路与比较》，《甘肃行政学院学报》2018年第5期。

邓剑伟、田慧琳、李欣雅、杨添安：《政策移植、政策扩散与政策创新的比较研究》，《中国公共政策评论》2017年第1期。

邓希泉：《青年发展的理论创新与现实愿景》，中国青年出版社，2017。

邓志强：《青年发展规划与新时代青年发展的时空指向》，《中国青年社会科学》2018年第1期。

丁煌：《政策制定的科学性与政策执行的有效性》，《南京社会科学》2002年第1期。

定明捷、张梁：《地方政府政策创新扩散生成机理的逻辑分析》，《社会主义研究》2014年第3期。

方俊、蒋艳：《技术赋权与人工智能时代的青年政治参与》，《中国青年社会科学》2020年第6期。

龚宏龄：《农村政策纵向扩散中的"悬浮"问题》，《西北农林科技大学学报》（社会科学版）2017年第2期。

顾东辉：《群团工作与社会工作的同构异涵》，《社会工作与管理》2018

年第 4 期。

胡献忠：《共青团改革的逻辑回归：历史与政治的解读》，《中国青年社会科学》2017 年第 1 期。

黄志坚：《共青团的旗帜为什么如此绚丽——析共青团的特殊功力及其运行规律》，《中国青年研究》2012 年第 7 期。

靳娜、张爱军：《青年网络政治参与的多元诉求与内在张力——基于中青网的大数据分析》，《中国青年社会科学》2020 年第 3 期。

李健：《公益创投政策扩散的制度逻辑与行动策略——基于我国地方政府政策文本的分析》，《南京社会科学》2017 年第 2 期。

李永刚：《我们的防火墙：网络时代的表达与监管》，广西师范大学出版社，2009。

李中建、刘晨辰：《高福利、福利陷阱与我国福利建设》，《河南工业大学学报》（社会科学版）2019 年第 5 期。

廖根深：《广东青年的人口学特征及其对青年工作的启示》，《广东青年职业学院学报》2017 年第 4 期。

林楠、邵明众：《共青团智库在青年政策制定中的定位和职能》，《中国青年社会科学》2018 年第 5 期。

林楠：《团青新型智库参与青年政策制定的路径探析——以〈广东中长期青年发展规划〉制定的“供给侧”改革为例》，《岭南学刊》2019 年第 2 期。

林小英：《教育政策过程中的行政纵向制约：垂直维度和水平维度的研究》，《高等教育研究》2006 年第 12 期。

刘辉、王越、韦文笔：《从社会行动视角看青年网络政治参与行为》，《青年探索》2014 年第 6 期。

刘智、史卫民、周晓东、吴运浩：《数据选举：人大代表选举统计研究》，中国社会科学出版社，2001。

邱林川、陈韬文主编《新媒体事件研究》，中国人民大学出版社，2011。

石国亮：《我们为什么要面向青年出台专门的“规划”——从“青年是不是弱势群体”谈起》，《中国青年社会科学》2017第4期。

宋雄伟：《论中国公共政策执行研究的“整合式”视角》，《天津社会科学》2015年第4期。

谭毅：《〈中长期青年发展规划（2016—2025年）〉的政策学解读》，《中国青年研究》2017年第9期。

谭毅：《新中国成立以来的青年政策网络结构与特征研究》，《青年探索》2020年第2期。

文嘉：《发达地区农村青年的社会参与研究——以广东省G市D区为例》，《青年探索》2016年第4期。

文嘉：《共青团直接联系青年的路径研究》，《广东青年职业学院学报》2016年第4期。

吴庆：《国家青年发展规划执行过程中的青年因素分析》，《青年探索》2017年第4期。

郗杰英、胡献忠：《中国共青团90年的历史经验与启示》，《中国青年政治学院学报》2012年第3期。

谢碧霞：《青年发展规划的政策传导及其影响因素研究——以省级青年发展规划文本为分析对象》，《中国青年社会科学》2020年第3期。

谢素军：《青年政策转移：基于优化的信息空间理论探讨》，《当代青年研究》2020年第4期。

谢素军：《社会治理视角：共青团组织职能解构研究述评》，《青年学报》2017年第4期。

徐勇：《GOVERNANCE：治理的阐释》，《政治学研究》1997年第1期。

杨守建：《青年发展规划的监测评估研究》，《中国青年研究》2017年第9期。

杨扬：《后现代思潮对当代青年的影响及对策》，《广东青年职业学院学报》2019 年第 1 期。

杨岳：《从共青团发展看执政党青年组织的职能变迁》，《中国青年研究》2009 年第 10 期。

姚建龙主编《中长期青年发展规划解读与研究》，中国政法大学出版社，2018。

俞虹、顾晓燕：《新媒体：传播能力与媒介责任的延伸》，《现代传播》2012 年第 5 期。

岳经纶、王春晓：《三明医改经验何以得到全国性推广？基于政策创新扩散的研究》，《广东社会科学》2017 年第 5 期。

张华：《地方青少年发展监测系统的构建原则与技术要求——以江西省青少年发展监测系统抽样过程为例》，《青年发展论坛》2018 年第 2 期。

张华：《和谐社会视野下共青团组织的职能定位》，《中国青年研究》2008 年第 4 期。

张华：《中国共产主义青年团职能研究》，人民出版社，2013。

张荆红、丁宇：《互依联盟何以可能？——中国枢纽型社会组织与国家之关系及其改革走向》，《北京师范大学学报》（社会科学版）2018 年第 6 期。

张良驯、杨长征：《中国青年发展规划的理论与实践》，人民出版社，2018。

张良驯：《党管青年原则的理论阐释》，《青年学报》2021 年第 1 期。

张良驯：《多源流理论视域下青年发展规划的政策议程研究》，《中国青年研究》2017 年第 9 期。

张伟：《新时期共青团职能定位的思考》，《中国青年研究》2003 年第 8 期。

赵慧：《社会政策创新与福利理念趋异：基于纵向政府间关系的视角》，《公共行政评论》2018 年第 5 期。

郑长忠：《关系空间变迁的政治逻辑—中国共青团90年组织形态发展研究》，《中国青年研究》2012年第5期。

郑长忠：《中国青年发展的政治逻辑——党管青年原则与中国青年发展的关系研究》，《青年学报》2017年第4期。

周晓燕：《国家视角下的青年发展》，《青年发展论坛》2017年第3期。

朱德米：《公共政策扩散、政策转移与政策网络——整合性分析框架的构建》，《国外社会科学》2007年第5期。

朱峰、单耀军、张艳芬：《基于整体生态建构的新时代青年社会组织政策发展创新观察》，《当代青年研究》2018年第5期。

朱旭峰、张友浪：《地方政府创新经验推广的难点何在——公共政策创新扩散理论的研究评述》，《人民论坛·学术前沿》2014年第17期。

后　记

政策扩散是政策创新的有效实现方式之一。中长期青年发展规划体系的实施过程正是通过政策扩散推动元政策理念及具体实践的创新要素在不同地域或层级的政策主体之间相互流动，从而形成不断发散和充实的政策流，构建起开放灵活的政策框架。笔者有幸参与了《广东中长期青年发展规划（2018—2025 年）》的编制、实施、监测等全链条工作，生动的广东青年工作实践为笔者进行青年政策扩散的理论研究提供了肥沃的土壤。本书以政策创新的理论源流为切入点，展示了广东中长期青年发展规划实施工作的全景和脉络。笔者希望借此从学理上对当前正在开展的青年政策全新变革进行阶段性的解读和思考，并提出一定的理论探讨和工作展望。

本书的成稿得到了广东省团校（广东青年政治学院）林楠教授的悉心指导，正是由于她的耐心、鼓励和支持，笔者才有了持续写作的勇气和信心。感谢中国青少年研究中心邓希泉研究员拨冗赐教，使笔者对青年发展的理论性和框架完整性有了全新的认识和了解。感谢广东省团校（广东青年政治学院）党委书记谭杰同志一直以来对笔者的关心和帮助。感谢原广东省青少年事业研究与发展中心廖根深、杨扬、凌小娟、黄丽萍、郑金铃和刘七扬等同事给予我大量而无私的支持。共青团广东省委各部室、直属单位的工作成果，为本书成稿提供了丰富的实践源泉。

撰写此书之际，正值事业单位深化改革之时，原来笔者所在的单位——广东省青少年事业研究与发展中心——整体并入广东省团校（广东青年政治学院）。挥别过往岁月，奋斗明日晨光。笔者将努力争做把论文写在祖国大地上的实践者，深入传递党的理论和路线方针政策，精准把握青年群体发展的脉搏，直接与各行各业的青年开展对话，勤奋地从青年工作实践中汲取营养，尽己所能为青年发展的光辉前景添砖加瓦。

由于水平有限，本书难免有不足和错漏之处，欢迎各位同人和读者不吝赐教。

文　嘉

2021年7月于广州

图书在版编目(CIP)数据

省域青年政策的生成与发展：基于广东省实践的研究／文嘉著. -- 北京：社会科学文献出版社，2021.7
ISBN 978-7-5201-8824-1

Ⅰ.①省… Ⅱ.①文… Ⅲ.①青年工作-政策-研究-广东 Ⅳ.①D432.6

中国版本图书馆 CIP 数据核字（2021）第 160569 号

省域青年政策的生成与发展
——基于广东省实践的研究

著　　者／文　嘉

出 版 人／王利民
组稿编辑／谢蕊芬
责任编辑／赵　娜
文稿编辑／孟宁宁

出　　版／社会科学文献出版社·群学出版分社（010）59366453
地址：北京市北三环中路甲 29 号院华龙大厦　邮编：100029
网址：www. ssap. com. cn
发　　行／市场营销中心（010）59367081　59367083
印　　装／三河市东方印刷有限公司

规　　格／开　本：787mm×1092mm　1/16
印　张：10.75　字　数：151 千字
版　　次／2021 年 7 月第 1 版　2021 年 7 月第 1 次印刷
书　　号／ISBN 978-7-5201-8824-1
定　　价／89.00 元